AF144950

Der Euro-Wahn und seine Nutznießer

Politische und ökonomische Motive, Hintergründe und Folgen

Von Hermann Patzak

Bibliographische Information der Deutschen Nationalbibliothek
Die Deutsche Nationalbibliothek verzeichnet diese Publikation
in der Deutschen Nationalbibliographie, detaillierte bibliographische
Daten sind im Internet unter http//dnb.dnb.de abrufbar.

Herstellung und Verlag:
BoD – Books on Demand

ISBN 978-3-7386-5045-7

Meine Widmung als Vorwort

Verfemt, ausgegrenzt, kriminalisiert, entsorgt[1]! Wer immer es im Nachkriegsdeutschland gewagt hat, eine vom Mainstream abweichende Meinung kund zu tun, wurde gesellschaftlich geächtet und ausgestoßen. Dieses Schicksal ereilte z.B. Bundestagspräsident Philipp Jenninger, Thilo Sarrazin (Vorstandsmitglied der Deutschen Bundesbank und Finanzsenator in Berlin) und Wilhelm Hankel (Präsident der Hessischen Landesbank). Viele der Ausgestoßenen wurden in der Öffentlichkeit gleich gar nicht bekannt, weil ihre Karriere im Nichts endete, bevor sie überhaupt beginnen konnte. Einer ist Dr. Hans-Dietrich Sander. Ihm widme ich dieses kleine Buch. Aber auch all jenen, die auf besagte Weise ausgeschaltet und mundtot gemacht worden sind.

Ich lernte Hans-Dietrich Sander in den 1980iger Jahren persönlich kennen, als er bei einer Pennäler-Verbindung einen Vortrag hielt. Die Präzision seiner Worte und die Klarheit und Schärfe seiner Gedankenführung, mit denen er die Hilf- und Konzeptlosigkeit der deutschen Politik der Nachkriegsparteien vor dem Hintergrund der Deutschen Geschichte analysierte und zerpflückte, provozierten zwangsweise heftigen Widerspruch bei jenen Zuhörern, die in der scheinbar heilen bundesrepublikanischen Wertewelt sozialisiert worden waren. Mit ihren angelesenen Argumenten aus den Denkschablonen der veröffentlichten Meinung bewiesen jedoch sie selbst Sanders Erkenntnis, daß **die BRD, wie auch schon die Weimarer Republik, zugrunde gehen werde, weil sie die wachsenden Probleme nicht lösen können**[2]. Eine Erkenntnis, die sich heute – angesichts der Immigrationsflut und der weiter anschwellenden Euro-Krise – in den Köpfen der überwiegenden Mehrheit der Deutschen immer tiefer eingegraben und verfestigt hat.

Mit seinen scharfen und kompromißlosen Analysen war Sander für die Politiker Nomenklatura der BRD zur großen Gefahr aufgestiegen, die es auszuschalten galt. Mit den Mitteln des Rechtsstaates natürlich. Und dazu ge-

---

[1] So FAZ-Herausgeber Berthold Kohler im Fall Thilo Sarrazin.

[2] Hans-Dietrich Sander, Der nationale Imperativ", Heitz & Höffkes Verlag, Essen, 1990.

hört auch der Verfassungsschutz! Von da an muß des „Sängers Höflichkeit" schweigen. Schon aus Gründen des Eigenschutzes. Hans-Dietrich Sander mußte jedenfalls die von ihm herausgegebene Zeitschrift „Staatsbriefe" etappenweise einstellen. Natürlich aus Gründen der Wirtschaftlichkeit.

Aber eines konnten die Meinungszensoren nicht verhindern. Hans-Dietrich Sander hat sein auf der deutschen Geschichte basierendes analytisches Denken und den scharfen Sinn für politische Prozesse und Entwicklungen weiter gegeben. An wie viele Köpfe? Die Antwort überlasse ich den Vögten des Verfassungsschutzes. Ich aber bedanke mich auf diesem Wege bei Hans-Dietrich Sander für sein erfolgreiches Wirken.

Inhaltsverzeichnis

1 Ein erster Ein- und Überblick zum Thema

Die politischen Eliten der einstigen Imperial-Mächte des Westens haben ihren Weltmachtanspruch zu keinem Zeitpunkt aufgegeben. Unter der Führung der USA, die nach zwei Weltkriegen ihre Weltmachtstellung weiter ausbauen und vertiefen konnte, nutzen sie jede sich bietende Gelegenheit zur Intervention, wenn sich irgendwo in der Welt unerwünschte politische Machtveränderungen anbahnen. Sie nehmen für sich das Recht in Anspruch, ihre Version von Menschenrechten, Freiheit und Demokratie weltweit zu implementieren, wo immer es ihnen notwendig erscheint. Da werden dann auch schon einmal vorbeugend Entwicklungen angestoßen, die unerwünschte Machtverschiebungen verhindern sollen. Der Euro war ein solches Mittel. Er sollte den unaufhaltsamen ökonomischen Aufstieg Deutschlands, der sich im Wertanstieg seiner Währung zur zweiten Welthandels- und Weltreservewährung (hinter dem US-Dollar) manifestierte, ein Ende bereiten[3]:

Weltreserve-	in den Jahren	
währung	1995	1999
US-Dollar	59,00%	70,90%
DM	15,80%	13.80%
Euro		17,90%
Yen	6,80%	6,40%
Pfund Sterling	2,10%	2,90%
Schw.Franken	0,30%	0,20%

Tabelle 1, DM als Weltreservewährung

Der Anteil der DM an allen Weltdevisenreserven lag 1995 bei 15,8 Prozent, er war damit mehr als siebenmal so hoch wie der Anteil des englischen Pfund. Der Euro lag auch ganz offensichtlich im Interesse Englands und Frankreichs, die lange vor der Wiedervereinigung, bereits in den Jahren 1959 und 1960 erleben mußten, daß sie von der Wirtschaftkraft des westdeutschen Teilstaates BRD überholt wurden, wie die nachstehende Graphik belegt:

---

[3] Zahlen aus http://de.wikipedia.org/wiki/Euro#Wechselkurse_zum_Euro.

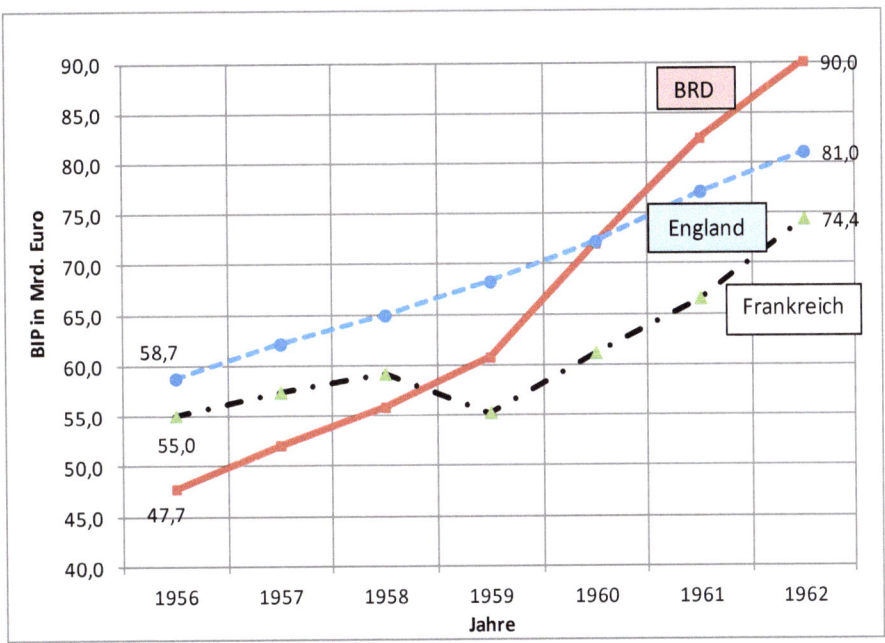

Abbildung 1, das BIP der BRD übersteigt das Frankreichs und Englands[4]

Mit dem Verschwinden der DM, in das die Deutsche Regierung unter Kanzler Kohl einwilligte, ebenso wie die übrigen Konsensparteien des Bundestages, war dieses Problem der ehemaligen Siegermächte und jetzigen „Partner-Länder" vom Tisch, und es geschah, was kommen mußte: Der Euro und mit ihm die an ihn gebundene DM verloren dramatisch an Wert, mit den für die deutsche Volkswirtschaft vorhersehbaren schweren Schäden, auf die wir in dieser Abhandlung ausführlich eingehen werden.

Der Euro hatte noch eine zweite Auswirkung, die nicht so ohne weiteres vorhersehbar war. Er wurde für die vormaligen Schwachwährungsländer zur Knute einer globalkapitalistischen Rationalität, die in ihrem Kern das Dogma der Renditemaximierung vollstreckt. Das beschönigende Wort für Rendi-

---

[4] Zahlen aus Sachverständigen Gutachten 1974/75, Anhang VI Tabelle 3, BIP in EG-Ländern, Seite 210.

temaximierung heißt Wettbewerbsfähigkeit. Es ist seit der Euro-Krise in aller Munde. Alle Länder der Währungsunion mußten ihre Wettbewerbsfähigkeit an dem Wert des Euro ausrichten, ob sie wollten, konnten oder nicht. Und dieser Wert war für die tradierten europäischen Schwachwährungsländer viel zu hoch. Das brachte ihnen zwar anfangs erhebliche Konsumvorteile, die aber die Wirtschaftssubjekte dieser Länder (Konsumenten, Unternehmen und den Staat) dazu verleiteten, die neuen Möglichkeiten des leichten und billigen Konsums zu nutzen und ihre Wettbewerbsfähigkeit zu vernachlässigen. Das war eine Sekundärfolge des Euro (und der EU-Transferzahlungen), die letztendlich auf direktem Weg in die Eurokrise führen mußte. Die notwendigen Anpassungen der Produktivität an die Anforderungen des technischen Fortschritts – die sog. Reformen – unterblieben.

Diese Reformen nachträglich den bereits in die Krise gerutschten Euro-Ländern aufzwingen zu wollen, war – neben der Einführung des Euro selbst – der zweite große Fehler der vom Euro-Wahn befallenen Politiker Kaste. Fassen wir zusammen:

1. Der Euro lockte und verführte die Menschen in den Beitrittsländern zum leichten Konsum auf Pump. Sie wurden reicher, ganz ohne eigenes Zutun. Das aber schwächte die Wettbewerbsfähigkeit der eigenen Wirtschaft, weshalb die Wirtschaftskrise über kurz oder lang kommen mußte.
2. Als sie die ersten Euroländer in die Zahlungsunfähigkeit getrieben hatte, verhinderte die Politik der Euro-Retter den Konkurs, indem man ihnen das Geld für die Schuldenbegleichung vorstreckte und sie **zum Sparen durch Ausgabesenkungen zwang**. Da aber die in Not geratenen Staaten ihre Schulden nur dann würden zurückzahlen können, wenn es ihnen gelänge, ihr Volkseinkommen (BIP) zu steigern, **machte man ihnen Reformen zur Auflage**, die die Leistungsfähigkeit ihrer Volkswirtschaft steigern sollten.

Wir werden auf diese Zusammenhänge im Verlauf dieser Abhandlung immer wieder stoßen. Doch zu Beginn ist eine banale Richtigstellung notwendig: Es geht um die offenkundige **Lüge, daß die Deutschen vom Euro profitieren**, sogar am allermeisten profitieren, weshalb sie moralisch verpflichtet seien, die Schulden derjenigen Länder zu bezahlen, die über ihre Verhältnisse gelebt haben und ihre Schulden jetzt nicht mehr bezahlen können. Es ist schon fast belustigend, daß die Medienmeute diese Lüge nun schon seit

Jahren weiterverbreitet, obwohl sie selbst in ihrer täglichen Arbeit immer über Entwicklungen und Fakten berichten, die sie mit der Nase drauf stoßen müßten, daß der Euro die Deutschen ärmer gemacht hat. Dies ist jetzt wieder dem Mitherausgeber der FAZ, Holger Steltzner, passiert. Er hat damit der Wahrheit einen schmalen Spalt geöffnet. Das tat er sicherlich unbeabsichtigt. In seinem Leitartikel[5]: „Deutschland verschenkt Wohlstand" zählt er einige der Fakten auf, die seine Zeitung – im Kanon mit allen anderen Leitmedien Deutschlands – seit gut zwanzig Jahren erfolgreich immer verleugnet hat. Er macht den Deutschen zum Vorwurf, daß sie es dem internationalen Finanz-kapital ermöglichten, große Teile des deutschen Produktivvermögens aufzu-kaufen. Daß diese Aufkäufe aber erst durch den Euro ermöglicht wurden, weil er den Kaufpreis deutscher Unternehmen für die Internationale der Heuschrecken halbierte, wohingegen die potentiellen deutschen Aufkäufer den vollen Euro-Preis zahlen mußten, erwähnt er mit keiner Silbe.

---

[5] F.A.Z., Donnerstag den 21.05.2015, Seite 1. Quelle

2 Der verschwiegene Ausverkauf deutschen Produktivvermögens

Die Aufkäufe überschritten nach Einführung des Euro für jeden, der nicht absichtlich wegschauen wollte, die volkswirtschaftliche Schmerzgrenze. Die Übernahme der Mannesmann AG (durch die britische Vodafone AG) und der Höchst AG (durch die französische Aventis, später Sanofi AG) waren die ersten großen Meilensteine einer allgemeinen Aufkauf-Orgie, die 1999 nach der Euroeinführung einsetzte. Damals war es gerade die FAZ, die diesen Ausverkauf der Filet-Stücke deutscher Industrieunternehmen begrüßte. *Die Aufkäufe würden die Wettbewerbsfähigkeit deutscher Unternehmen beweisen* schrieben die deutschen Medien damals unisono! Und die Politiker der deutschen Blockparteien übernahmen diese Argumentation gern, lenkte sie doch von der Tatsache ab, daß sie es waren, die mit der Aufgabe der DM die Schlagbäume für den Ausverkauf der deutschen Unternehmen weit geöffnet hatten.

Mit dem Argument der Wettbewerbsfähigkeit wollten die gesellschaftlichen Eliten Deutschlands den Deutschen ein Selbstwertgefühl vermitteln, für das es keinen sachlichen Grund gab. Sie streuten ihnen damit „Sand in die Augen", um sie von dem eigentlich Übel abzulenken: Das war und ist heute noch der Euro! Natürlich waren die deutschen Unternehmen wettbewerbsfähig. Das waren sie aber schon immer. Im Zweiten Deutschen Reich und danach. Sie wurden es auch wieder nach dem Zweiten Weltkrieg. Doch worauf es ankommt: Mit dem Euro waren diese leistungsfähigen Unternehmen nun auch noch spottbillig für die Aufkäufer der internationalen Finanzmärkte geworden. Und das wurde und wird bis heute erfolgreich verschwiegen. Warum eigentlich? Auch diese Tatsache beweist, daß die Pegida Bewegung mit der Parole „Lügenpresse" dem System der etablierten Parteien und der freien Presse einen schmerzhaften Volltreffer gelandet hat, denn auch das Verschweigen der Fakten ist eine Lüge.

Bevor wir aufzeigen, wie billig und in welcher Größenordnung deutsche Unternehmen seit der Einführung des Euro über den „Ladentisch" gegangen sind, wollen wir uns aber die Argumente anschauen, die Herr Steltzner für seine Behauptung: „Deutschland verschenkt Wohlstand" vorbringt.

Der konkrete Anlaß für sein Lamento waren eigentlich (1) die für Mai anberaumte Hauptversammlung der Deutschen Bank und (2) eine Modellrechnung der „Allianz Global Investors", eines Tochterunternehmens der „Allianz Versicherung AG": Institutionelle Großaktionäre der Deutschen Bank aus Amerika und Großbritannien (Versicherungen und Banken) hatten angekündigt, den Vorstandsvorsitzenden Jain und Fitschen die Entlastung zu verweigern (wofür sie dann aber nicht ganz die Mehrheit in der Hauptversammlung erreichten). Die Allianz Global Investors hatte errechnet, daß die Deutschen Sparer, wenn sie ihr Geld in deutschen Aktien angelegt hätten, Eigentümer der 30 größten deutschen Aktiengesellschaften und zusätzlich noch der 24 nächst größeren Aktiengesellschaften (des sog. MSCI Deutschland-Index) hätten werden können. In diesem Zusammenhang plaudert Steltzner Fakten aus, die nur wenigen Deutschen bekannt sind: *„Mehr als die Hälfte der Dax-Konzerne sind inzwischen in der Hand ausländischer Anleger. Bei der Deutschen Börse, Bayer, Adidas, Allianz oder Daimler stammen zwei Drittel bis vier Fünftel der Eigentümer aus dem Ausland."* Wir werden noch genauere Zahlen dazu bringen. Doch um diesen Aspekt – Transfer deutschen Produktivvermögens ins Ausland – geht es Herrn Steltzner gar nicht, er meint, daß die Deutschen (wieder einmal) zu dumm waren – im Gegensatz zu den cleveren Amerikanern und Briten – sich am Wachstum der deutschen Wirtschaft zu beteiligen.

Die Deutschen haben (1) die Renditen (Dividendenausschüttungen und Aktienkurssteigerungen) den Ausländern – vorwiegend den angloamerikanischen Investoren – überlassen und so auf eine sichere und hohe Altersvorsorge verzichtet, die nun in USA und England einkassiert wird. Und sie haben (2) diesen Investoren auch die Herrschaft *„über das Wohl und Wehe der Unternehmen hierzulande"* überlassen. Doch in Wirklichkeit war es ganz anders!

Den Deutschen hatten die Medien eingeredet, daß sie stolz auf ihre Unternehmen und den Titel Exportweltmeister sein können. Stolz auf Unternehmen, die ihnen schon lange nicht mehr gehörten! In den Fabriken haben sie brav ihre Leistung erbracht, aber die Gewinne und den Vermögenszuwachs haben die angloamerikanischen Investoren eingeschoben. Sie jetzt dafür zu schelten, daß sie zu dumm waren, sich an den Gewinnen und dem Vermögenszuwachs zu beteiligen, ist purer Zynismus. Sie verfügten ja auch nicht über Dollar und englische Pfund, mit denen sie für die Beteiligung am deutschen Produktivvermögen nur die Hälfte hätten zahlen müssen, wie die Amerikaner und Engländer! Sie hätten für den Eigentumserwerb an den deutschen Unternehmen mit Euro bezahlen müssen. Und der war innerhalb von 5 Jahren um rund 50 Prozent weniger Wert als die DM, wie wir noch aufzeigen werden.

Die Idee, sich an dem Erfolg deutscher Unternehmen zu beteiligen, wäre ja ganz gut gewesen. Warum hat man den Deutschen denn nicht vorher, als sie die DM noch hatten, den Weg gewiesen, wie sie sich am Erfolg der deutschen Wirtschaft beteiligen könnten? Wenn die Politiker ihr Amt antreten, legen sie doch den Eid ab, das Wohl des deutschen Volkes zu mehren! Doch das materielle Wohlergehen der Bürger haben diese Politiker den Investmentbankern überlassen. Und die haben jenen Deutschen, die sich ökonomisch gewieft dünkten, geraten, hohe Renditen und Altersvorsorge mit US-Derivaten einzukassieren. Und daran haben die sog. Banker dann auch noch eine Menge Geldverdient! Wie das ausging, ist heute allgemein bekannt: Zweimal haben die sich die vermeintlich klugen und auf den Rat der Banker hörenden Bürger „blutige Nasen" geholt: in der Börsenkrise des sog. „Neuen Marktes" (2002) und in der von den USA ausgelösten Finanz- und Wirtschaftskrise (Derivate-Handel) in den Jahren 2007-2009. Statt in deutsches Produktivvermögen zu investieren, haben sie Wertpapiere der Amerikaner gekauft, die von heute auf morgen wertlos waren. Allein durch diese Krise haben die Deutschen Anleger, darunter zahlreiche Städte und Gemeinden, 600 Milliarden Euro[6] verloren.

Wo hat es so etwas in der Geschichte je gegeben? Eine florierende Volkswirtschaft, deren Erfolge ausländische Finanzinvestoren abkassieren, die mit der Regentschaft über die ehemals deutschen Unternehmen auch auf ihren künftigen Werdegang und damit auf die Entwicklung der gesamten Volkswirtschaft Einfluß nehmen? Das gibt es nur in Deutschland! Die Deutschen haben hierfür das Alleinstellungsmerkmal, wie man heute zu sagen pflegt. Und dann schreibt der Herausgeber einer der führenden deutschen Tageszeitungen: „*aber sie* (die Bürger)*wollen sich nicht am unternehmerischen Erfolg dieser Exportweltmeister beteiligen. Sie wollen nicht teilhaben an den*

---

[6] So Holger Steltzner in seinem Artikel vom 21.05.2015.

wachsenden Unternehmenswerten der in der Welt bewunderten Aushänge-schilder von „Made in Germany". Das verstehe, wer will".

Dabei gibt es zahlreiche Beispiele, wie man ein ganzes Volk an den Unternehmenserfolgen einer Volkswirtschaft beteiligen kann. Holger Steltzner nennt einige von ihnen sogar selbst und ihre Modelle! Es sind Staatsfonds, die die Interessen ihres Staatsvolkes wahrnehmen, in Norwegen, Kuwait, Saudi-Arabien, den Vereinigten Arabischen Emiraten, Singapur, Hongkong und der Volksrepublik China. Sie legen die Gewinne aus ihren Exportüberschüssen in Unternehmensbeteiligungen in anderen Ländern an. Steltzner sagt, daß die Norweger das seit kurzem erst machen, doch sie tun das schon seit 1967, also seit 48 Jahren!

Und was haben die Deutschen mit ihren Exportüberschüssen gemacht, die sie seit 1952, also seit 63 Jahren, erzielen? Zuerst haben sie die Gewinne in Gold angelegt, aber das Gold in jenen Ländern belassen, denen sie die Güter und Leistungen geliefert haben. Dort liegen die Goldbarren heute noch und unsere „sauberen Eliten" getrauen sich nicht einmal nachzuzählen, ob sie wirklich noch dort liegen, in New York, London und Paris! Später hat man die Exportüberschüsse in Devisen angelegt und zugeschaut, wie diese laufend an Wert gegenüber der DM verloren. Am Ende – seit Einführung des Euro und insbesondere seit der Wirtschaftskrise 2007 – ist man dazu übergegangen, die Exporte „auf Pump", also gegen Kredite im Ausland abzuliefern, in der Hoffnung, daß diese Forderungen irgendwann einmal bezahlt würden. Bei den Euro -Ländern war man sich da ganz sicher, schließlich lauteten die Forderungen auf die gleiche Währung – den Euro. Und gerade da hatte man sich getäuscht, wie heute jedermann weiß. Jetzt sind wir die Exportgüter los und Geld sehen wir auch keines mehr. Dafür aber dürfen wir über die Euro-Rettungskosten die Exporte selbst bezahlen. Zynisch sagt man uns, das muß uns doch der Euro wert sein, von dem wir so sehr profitiert hätten.

3 Die verschwiegenen volkswirtschaftlichen Zusammenhänge

Das alles ist absurd! Aber keiner sagt es. Auch keiner aus der Kaste der deutschen Ökonomie-Professoren, den Eliten einer Wissenschaft, die einmal Nationalökonomie hieß. Die Quasi-Enteignung der Deutschen durch Aufkauf ihrer leistungsfähigsten Unternehmen war für sie nie ein Problem. Auch nicht für die „Eurokritiker", obwohl der Euro den Preis der begehrten Objekte für die Finanzgeier aus USA und England halbierte! Diese, Eurokritiker verdanken ihr Ansehen zum großen Teil allein der Tatsache, daß sie die Euro-Rettung und deren Kosten kritisieren. Daß sie aber den Euro selbst nicht in Frage stellen, übersehen ihre Anhänger, die schon damit zufrieden sind, daß einige wenige Ökonomen überhaupt etwas am Euro auszusetzen haben. Dabei ist aber der Euro selbst die Ursache für die Wachstumseinbrüche, Arbeitslosigkeit und Leistungsbilanzdefizite der Euro-Staaten und dafür verantwortlich, daß die meisten von ihnen auch 8 Jahre nach Ausbruch der Finanz- und Wirtschaftskrise noch immer nicht einmal wieder das Volkseinkommen des Jahres 2008 erreicht haben.

Jene Staaten, die heute noch immer tief in der Krise stecken, haben anfangs – nach Einführung des Euro – über ihre Verhältnisse gelebt. Sein (für ihre Verhältnisse) eigentlich zu hoher Außenwert erlaubte ihnen ungewohnt billige Importe. Die hatte sie sich vorher nicht leisten können, weshalb sie im eigenen Land produziert wurden. Die günstigen Importe gefährdeten zwar die inländischen Arbeitsplätze, erlaubte aber der Bevölkerung, über ihre Verhältnisse zu leben. Die Importe wurde nämlich dank der ungewohnt niedrigen Zinsen, die man ebenfalls der gemeinsamen Währung verdankte, mit Schulden bezahlt. Dieses Geschäftsmodell konnte natürlich nicht auf Dauer funktionieren. Die Finanzkrise deckte 2008 mit einem Schlag auf, daß man in diesen Ländern nicht nur von der Hand in den Mund gelebt hatte, sondern daß auch der schnelle Wohlstand mit Schulden erkauft worden war. Der Euro wirkte auf die Leistungs- und Wettbewerbsfähigkeit dieser Länder wie ein starkes Beruhigungsmittel, das sie einschläferte: Sie versäumten die Notwendigkeit und Möglichkeit, ihre Wirtschaft an die Entwicklungen des technischen Fortschritts anzupassen. Jede Volkswirtschaft die das tut verringert ihre Wettbewerbsfähigkeit, doch jede Volkswirtschaft, in der dies geschieht hat die Möglichkeit diese Entwicklung durch Abwertung abzufedern.

Das geschieht in einer Weltwirtschaft mit freien Märkten automatisch, weil diese Abwertung durch den Marktmechanismus erfolgt. Die Währung von Ländern, die mehr importieren als exportieren, werten ab, weil das steigende Angebot ihre Währung (zum Zweck der Bezahlung der Importe) den Wert (Preis) für diese Devise senkt. Dieser „segensreiche" Marktmechanismus war mit dem Euro weggefallen. Alle Euroländer haben mit dem Euro auch die Souveränität aufgegeben, mit der eigenen Leistung den Wert ihrer Währung zu bestimmen. Vor dem Euro-Beitritt hatten sie es selbst in der Hand, durch Geldmengenvermehrung (Inflationierung) und damit verbundener Abwertung ihrer Währung ihre Wettbewerbsfähigkeit zu erhalten. Das war mit dem Euro nicht mehr möglich. Aber das merkten sie erst in der Krise. Die schnelle Wohlstandsmehrung – ohne eigene Anstrengungen – hatte ihren Preis gehabt.

Von da an hatten die ideologisierten Euro-Politiker auch ein Problem. Sie wollten um keinen Preis eingestehen, daß die gemeinsame Währung die eigentliche Ursache des ökonomischen Niedergangs der Euro-Länder war. Sie hatten den Euro von Anfang an als Heilsbringer angepriesen, der allen Europäern Frieden und Wohlstand bringen würde. Diese Politik ist gescheitert, der Euro hat das glatte Gegenteil bewirkt. Die Mehrzahl der staatlich alimentierten Ökonomieprofessoren rechtfertigt aber immer noch diese Politik. Ihre Argumente beziehen sie aus einem Flickenteppich selektiver Wahrnehmungen der ihnen genehmen Fakten. So handeln Wissenschaftler, die primär ihrer ihrem politischen Weltbild und ihrer Karriere verpflichtet sind und nicht der Wissenschaft und Wahrheit, geschweige denn ihrem Volk! Das etablierte Mediensystem unterstützt sie bei diesem tun tatkräftig: die durch gezielte Selektion manipulierte Wahrheit allein wird den breiten Bevölkerungsschichten vermittelt. Die Möglichkeit eines Medienkorrektivs besteht nur in den engen Grenzen des Konsensspektrums der Parteien, die auch im Bundestag vertreten sind. Wer außerhalb dieses Konsensspektrums denkt und argumentiert wird diskriminierte und gesellschaftlich ausgegrenzt, auch wenn er seine Kritik auf unwiderlegbare Fakten gründet. Das ist die bundesrepublikanische Realität, auch noch im Jahr 2015, 70 Jahre nach Ende des Zweiten Weltkriegs.

4   Verbranntes Vermögen statt Vermögensaufbau

Nach diesem Ausflug in die politische Wertewelt unser Zeit, die im Bereich der Sozialwissenschaften die wissenschaftliche Erkenntnisse und sogar die Auswahl der Fakten und damit die Wahrheit maßgeblich gestaltet, können wir an unserem konkreten Thema weiter arbeiten. Und das anhand der Fakten: Wir hatten schon erwähnt, daß die Berechnungen der „Allianz Global Investors" der Anlaß für Holger Steltzner waren, den Deutschen den Vorwurf zu machen, sie seien selbst schuld, daß die anglo-amerikanischen Investoren ihnen die produktivsten Unternehmen abgekauft haben und jetzt (2015) wieder verstärkt abjagen. Das Allianz - Tochterunternehmen errechnet das Vermögen, das ein (deutscher) Sparer hätte ansammeln können, wenn er von 1992 bis Ende 2014 monatlich 50 Euro in Aktien der DAX 30 Aktiengesellschaften angelegt hätte: Sie kommen zu folgendem Ergebnis:

Summe Einzahlgen	13.800	
Kursgw+Dividende	22.614	163,9%
Endsumme Kapital	36.414	263,9%

Tabelle 2, Endsumme eingezahltes Kapital

In 23 Jahren summieren sich die monatlichen Einzahlungen auf 13.800 €, die Kursgewinne und Dividenden haben in dieser Zeit 22.614 € betragen, so daß der Wert des gesamten Kapitals Ende Dezember 2014 auf 36.414 € angewachsen wäre. Das eingezahlte Kapital wäre um 163,9 Prozent auf 263 Prozent gestiegen! Das monatlich eingezahlte Kapital hat sich somit mit 7,41 Prozent verzinst. Wer also 1992 einen Rentensparvertrag mit einer monatlichen Einzahlung von 50 Euro abgeschlossen hätte, dessen Kapital hätte sich im Dezember auf 36.414 Euro erhöht, vorausgesetzt die Rentenversicherung würde die Einzahlungen mit 7,41 Prozent verzinsen. Das ist ein völlig illusorischer Zinssatz, vor allem heute.

Wer heute einen Rentensparvertrag mit monatlicher Einzahlung von 50 Euro mit vergleichbarer Laufzeit abschließt, erhält auf seine Einzahlungen einen Zins zwischen 1und 2 Prozent. Bei einem Zinssatz von 1 Prozent würde sein Kapital nach 23 Jahren auf 15.521,69 €, bei einem Zins von 2 Prozent wären es 17.533,20 €. Die Auswirkungen des Zinssatzes auf die Endsumme eines angesparten Rentenvertrages zeigt nachstehende Tabelle noch einmal:

Zins	Summe Kap.	Diff in %
1,00%	15.521,69 €	
2,00%	17.533,20 €	113,0%
7,41%	36.408,07 €	234,6%

Tabelle 3 Vergleich zu normaler Rente

Im Vergleich zum Zinssatz von 1 Prozent wär das Endkapital bei einem
Zinssatz von 2 Prozent um 13 Prozent höher. Bei einem Zinssatz von 7,41
Prozent wäre das Endkapital um 134,6 Prozent höher. Die Beteiligung am
Erfolg der deutschen Aktiengesellschaften hat also eine rund doppelt so hohe
Rendite eingebracht. Wieso haben die Deutschen diese Vermögensanlage
nicht genützt? Sind die Deutschen also wirklich so dumm wie Holger
Steltzner es behauptet? Nein, keineswegs! Man kann von dem normalen
Arbeiter und Angestellten nicht verlangen, daß sie das Wissen finanzpoliti-
scher Profis haben, wie die Zunft der internationalen Finanzinvestoren. Von
den deutschen Experten, den sogenannten Investmentbankern, könnte man
das schon verlangen. Aber die haben ihre Klientel zum Kauf der hypothe-
kenbesicherten US-Wertpapiere geraten, mit denen sie ihr Vermögen verloren haben. Warum hat man den Arbeitnehmern nicht staatlicherseits das
Angebot gemacht, einen Teil ihrer Sozialbeiträge – z.B. in Höhe von 50
Euro – in eine genossenschaftlich organisierte Leitstelle zum Kauf und zur
Verwaltung deutscher Aktien einzuzahlen? Die Norweger haben doch schon
seit 1967 einen vergleichbaren Staatsfonds gegründet? Sie beteiligen sich an
deutschem Produktionsvermögen mit Erfolg. Warum haben die deutschen
Politiker das nicht geschafft? Denen sollte Herr Steltzner den Vorwurf machen und nicht den „dummen Deutschen". Doch der hohe Eigentumsanteil
ausländischer Investoren – insbesondere angelsächsischer Investoren hat
noch einen anderen wichtigen Grund: Sie zahlen für den Erwerb deutscher
Unternehmen und deutscher Wertpapiere weit weniger als die Deutschen
selbst! Das können Sie nicht glauben? Das haben Sie noch nie gehört? Und
doch ist es so. Der Euro machte das möglich. Sie werden gleich sehen wie
das funktioniert.

Doch vorher machen wir uns noch ein Bild über die Größenordnung, mit
denen die Deutschen Eigentum an den deutschen Unternehmen hätten erwerben können, wenn alle Erwerbstätigen jene 50 Euro aus unserem Zahlen-
beispiel in deutsche Aktien investiert hätten: Die Allianz Global Investors
errechnet, daß sie ein Aktienvermögen von über 1,2 Billionen Euro ange-

sammelt hätten. Damit hätten sie das komplette Eigentum an den 54 größten Aktiengesellschaften in Deutschland erworben. Die Wirklichkeit ist ganz anders: Heute gehören mehr als die Hälfte aller Aktiengesellschaften in Deutschland ausländischen Investoren, in erster Linie anglo-amerikanische Investoren! Und die bestimmen auch mehrheitlich über das Wohl und Wehe dieser ehemals deutschen Unternehmen und damit über deren und unsere Zukunft. Wie sie das bewerkstelligen, kann man am aktuellen Beispiel der Deutsche Bank anschaulich nachvollziehen:

Die Deutsche Bank war bereits 2005 mit 51 Prozent mehrheitlich in ausländisches Eigentum übergegangen[7]. Als die Großaktionäre aus USA und England jetzt (2015) bei ihrem Versuch, die beiden Vorstände Jain und Fitschen abzuwählen, nur 39 Prozent des Eigenkapitalstimmrechts hinter sich versammeln konnten und somit gescheitert waren, traten die beiden Vorstände wenige Tage danach trotzdem von ihrem Posten zurück. Sie taten das **freiwillig**, meldeten die Medien. Doch was hat sie so unvermittelt dazu veranlaßt, nachdem sie kurz zuvor noch entschlossen waren ihren Posten weiter zu führen? War doch das Ansinnen der angelsächsischen Finanzinvestoren mit einer Mehrheit von 61 Prozent abgewiesen worden? Diese Frage war für die Medien kein Problem. Kein Problem, obwohl der ehemalige US-Agent Edward Snowden bekannt gemacht hatte, daß der US-Geheimdienst NSA neben den deutschen Politikern auch die deutschen Unternehmen seit Jahrzehnten ausspioniert hat, wie jedermann weiß. Der Skandal war gerade jetzt wieder neu „aufgekocht" weil bekannt wurde, daß es der deutsche Geheimdienst BND war, der den Amerikanern die Daten ausgeliefert hat. Pikant ist auch die Auswahl des neuen Vorstandsvorsitzenden. Der wurde vom Aufsichtsrat ernannt(!). Es ist John Cryan, ein Engländer. Nur die Hälfte der Aufsichtsratsmitglieder Ausländer sind Deutsche. Cryan hatte zuvor schon die Schweizer Bank UBS „auf Vordermann gebracht", als die USA von der UBS die Herausgabe der Kundendaten von 52.000 US-Bürgern verlangt

---

[7] Quelle: FAZ, 29.11.2005

hatte und die UBS am Ende klein beigeben mußte, weil sie durch den drohenden Einbruch des US-Geschäftes in existentielle Gefahr geraten war[8].

Wir wissen jetzt, welche Größenordnung der den Deutschen entgangene Gewinn und der damit entgangene Vermögenszuwachs hat. Daß der Aufkauf der Anteilsrechte nicht den einzelnen Arbeitnehmern überlassen werden kann, sondern im Rahmen seiner Fürsorgepflicht der Staat übernehmen müßte, haben wir ebenso festgestellt. Aber wie kann dieser Aufkauf funktionieren, wenn das internationale Finanzkapital ebenfalls am Eigentum der deutschen Unternehmen interessiert ist und die Renditeobjekte auch noch billiger als die Deutschen erwerben können, weil der Eurowert im Vergleich zur DM diese Aufkäufe für Ausländer verbilligt, wie auf Seite 10 oben bereits ausgeführt haben.

Nun ist es an der Zeit, diesen Zusammenhang zu erklären.

---

[8] Siehe detaillierte Berichte in den Tageszeitungen, z.B. „UBS beugt sich den Amerikanern" in FAZ vom 29.05.2008 Seite, FAZ vom 16 13.08.2009 Seite 10 und FAZ vom 31.05.2013. Seite 1: „Schweizer Banken: Amerikanisches Diktat".

5   Der Wert des Euro im Vergleich zur DM

Als der Euro im Januar 1999 eingeführt wurde, hatte 1 Euro den Wert von 1,18 US Dollar. Nach 17 Jahren bewegt sich sein Wert zwischen 1,06 US$ (am 11.03.2015) und 1,09 US$ (Anfang August). Er ist also gesunken. Vergleichen wir damit die Wertentwicklung der DM von 1970 (als sich die Freigabe der Devisenkurse bereits ankündigte) bis zum Jahr 1995, als die Auflösung der DM im Euro beschlossene Sache war[9]:

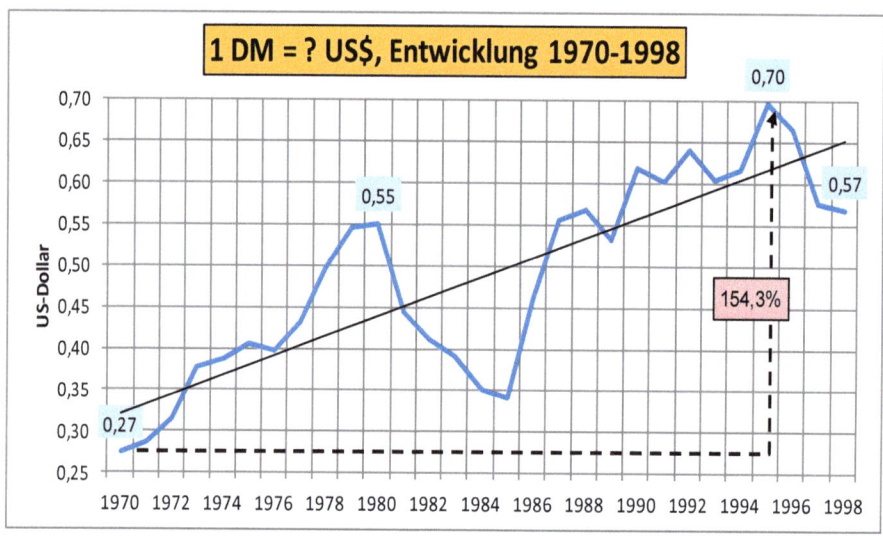

Abbildung 2: Wertentwicklung der DM

In 25 Jahren (1/4 Jahrhundert) ist der Wert der DM um 154,3% gestiegen, pro Jahr also um 6,17 Prozent. Ein Deutscher bekam 1970 für 1 DM nur 0,27 US$, 1995 aber erhielt er fast das Dreifache, nämlich 0,70 Dollar. Ein Amerikaner mußte 1995 rund 2,5-mal so viel US$ zahlen, wenn er ein deutsches Produkt kaufen wollte.

---

[9] Daten aus: Deutsche Bundesbank, BBK01.WJ5009_FLAGS, Devisenkurse der Frankfurter Börse / 1 USD = ..DM /Vereinigte Staaten.

Ursache der Wertsteigerung waren im Wesentlichen die seit 1952 andauern-
den deutschen Exportüberschüsse, und es war auch 1995 eigentlich keine
Entwicklung und kein Ereignis absehbar, daß sich an der Wirtschaftskraft
Deutschlands und damit an den hohen Exporten etwas hätte ändern können.
Dann kam aber doch ein Ereignis: Der Euro! Das deutsche Polit-
Establishment (aus allen maßgebenden Parteien) willigte ein, die DM aufzu-
geben und in den Euro einzutauschen. Gegen den mehrheitlichen Willen der
Deutschen, wie alle Umfragen damals ergaben. Die Deutschen wurden –
nach typisch deutschem Demokratieverständnis – gar nicht gefragt. Die
Kohl-Regierung handelte nach der Devise, man wisse besser als das Volk,
was den Deutschen gut täte. Einige wenige Medien schrieben damals, daß
die DM zum großen Ärgernis für Frankreich geworden sei. Das aber galt
noch viel mehr für die USA und England, vor allem für England, dessen
Währung (£) noch stärker abgestürzt war als der US-Dollar. Daß die Einführung des Euro vor allem im Interesse der USA und Englands lag, das sagte
niemand. Auch keiner der zahlreichen Ökonomen, die sich mit mehr oder
weniger klugen Argumenten in der Euro-Diskussion vor und nach seiner
Einführung zu Wort meldeten und sich auch damit profilierten. Veranschaulichen wir nun noch die Wertentwicklung des Euro in einer vergleichbaren
Graphik, wie wir es mit der DM getan haben.

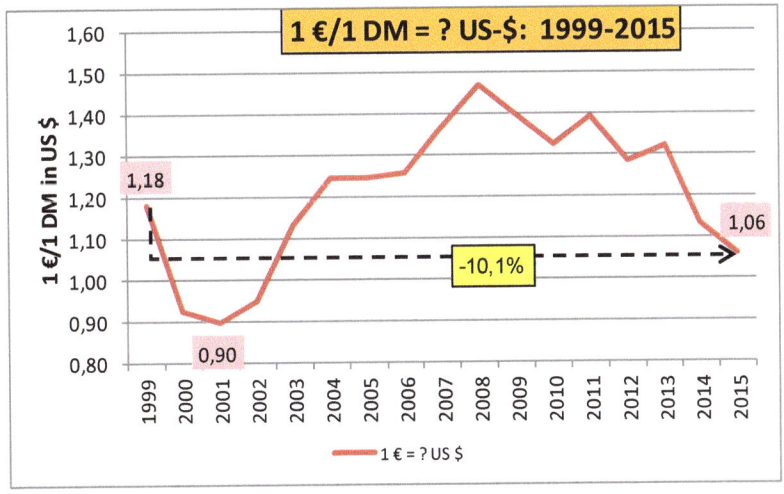

Abbildung 3: Wertentwicklung des Euro

Die Graphik[10]: zeigt die Wertentwicklung des Euro seit seiner Einführung 1999 bis zum 10.April 2015. In diesem Zeitraum ist sein Wert um 10,1 Prozent gesunken. Schwerwiegende ökonomische Folgen für Deutschland hatte sein sofortiger Absturz auf 0,90 US-Dollar im Jahr 2001 (= -24 %). Darauf werden wir genauer eingehen. Seinen absolut niedrigsten Tageswert erreichte der Euro am 26.10.2000 mit 0,8252 US-Dollar.

---

[10] Zahlenquelle: Deutsche Bundesbank, BBEX3.M.USD.EUR.BB.AC.A02_FLAGS, Euro-Referenzkurs der EZB / 1 EUR = ... USD / Vereinigte Staaten.

6 Die ökonomischen Folgen der DM-Aufgabe

Kommen wir nun zu den ökonomischen Folgen der Euro-Abwertung: Jede Abwertung verbilligt die Einkäufe (Exporte) in dem Land, das abwertet. Das Ausland kauft aber nicht nur die typischen Exportgüter des Landes billiger ein, in Deutschland also die im Inland erzeugten Güter und Leistungen. Die Einkäufer aus dem Ausland können auch alle Vermögenswerte im Inland billiger aufkaufen. Dazu gehören Unternehmungen, land- und forstwirtschaftlich genutzte Grundstücke, Wohnungen, aber auch Rohstoffe, die nicht reproduzierbar sind oder deren Reproduktion naturabhängig festen Reproduktionszyklen unterliegen, wie z.B. Holz. Alle deutschen Güter und Leistungen wurden mit dem Euro innerhalb kürzester Zeit um 24 Prozent billiger.

Die Graphik (Abbildung 3: Wertentwicklung des Euro) bildet aber noch nicht ganz die Wirklichkeit ab. Wir müssen noch berücksichtigen, daß die DM bereits seit 1995 in den Sog des Euro geriet und die DM ihren Wert von da an kontinuierlich einbüßte.

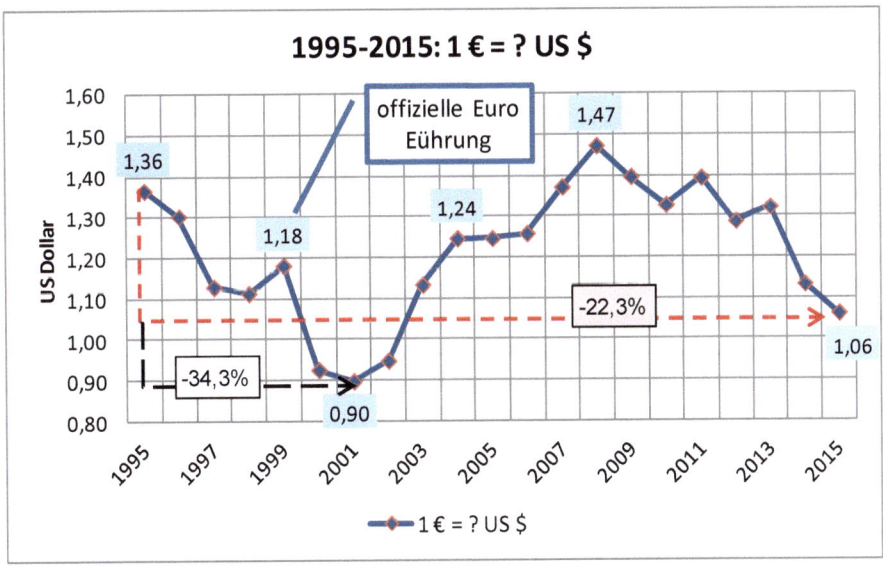

Abbildung 4: Wert des Euro (der DM) 1995-2015

23

Der Euro und mit ihm die DM ist in den 21 Jahren von 1995-2015 um 22,3 Prozent gesunken. Von 1995-2001 waren es – 34,3 Prozent. Um diesen Wert verbilligten sich nicht nur die Exporte, um den gleichen Wert verteuerten sich auch alle Importe.

Und dies traf insbesondere die deutsche Wirtschaft, deren Importquote (gemessen am BIP) damals schon bei rund 35 Prozent lag. Die Preissteigerungen verteuerten nicht nur die Konsumgüter und machten die deutschen Haushalte empfindlich ärmer, sie verteuerten auch die Vorprodukte für alle im Inland erzeugten Produkte. Die höheren Exportumsätze bei Gütern und Leistungen steigerten deshalb nicht in gleichem Maß die Gewinne, denn die Vorprodukte aus dem Ausland erhöhten auch die Produktionskosten der Exporte. Dadurch kam schlagartig „Sand in das Getriebe" der deutschen Wirtschaft: Trotz steigender Exporte stieg deshalb die Arbeitslosigkeit!

Die Ökonomen standen vor einem Rätsel. Das hatte es zuvor noch nie gegeben. Exportsteigerung soll ja bekanntlich Arbeitsplätze schaffen, zumindest sichern. Die „Experten" haben das Rätsel bis heute noch nicht gelöst. Hans-Werner Sinn lieferte mit seiner Analyse des Phänomens unter dem Titel „Die Basar-Ökonomie, Deutschland Exportweltmeister oder Schlußlicht[11]?" einen ersten guten Ansatz einer Erklärung. Er wurde dafür heftig angefeindet. Den Euro als Ursache nannte allerdings auch er nicht. Und doch ist er die Ursache: Die gestiegenen Preise für die Rohstoffe und anderen Vorprodukte infolge des gesunkenen Eurowertes waren ein Fixum und nicht verhandelbar. Die Kostensteigerung mußte irgendwie ausgeglichen werden. Dafür kamen eigentlich nur die Lohnkosten in Frage. Doch Lohnkosten kann man nicht so einfach senken. Man konnte aber ihre Steigerung verhindern (aussetzen) und neue Lohnmodelle einführen: Zeitarbeit, Leiharbeit und Minijobs, die man vordem kaum kannte, ersetzten viele normale Arbeitsverhältnisse. Diese sog. atypischen Beschäftigungen betrugen 2013 noch 43,3 Prozent aller Arbeitsplätze, wie die Hans-Böckler-Stiftung[12] ermittelte. Eine andere beliebte Methode der Lohnkostensenkung war die teilweise Auslagerung der Fertigung

---

[11] Ullstein-Verlag, Berlin, 2005.

[12] F.A.Z., 30.09.2014, Seite 16.

in Billiglohn-Länder oder die Schließung ganzer Betriebe und Verlagerung ins Ausland. Das ging alles zu Lasten der Arbeitnehmer. Die Schröder-Regierung setzte mit ihrer Hartz IV Reform der Entwicklung noch die Krone auf, mit der sie die nicht mehr finanzierbare Arbeitslosigkeit und Armut gleich verteilte. Jeder Betroffene mußte sich mit weniger zufrieden geben.

Die Probleme von damals haben sich heute scheinbar im „Nichts" aufgelöst. Doch eben nur scheinbar. Die Frage, wie Deutschland heute dastünde, wenn es nicht an die Kette des Euro gefesselt worden wäre, stellt niemand. Sie ist obsolet geworden, weil es heute allen anderen Euro-Volkswirtschaften noch schlechter geht als den Deutschen. Die betroffenen Bürger dieser Länder, ihre Politiker und ihre Medien aber sagen wenigstens, daß der Euro die Ursache ist. Den Deutschen aber sagt das politisch mediale Establishment, daß sie die großen Profiteure des Euro seien. Sie verbreiten diese Lüge, um das Volk ruhig zu stellen. Aber eines sagen sie überhaupt nicht, daß die Deutschen durch den Euro ausgebeutet wurden, wie kein anderes Land auf der Welt. Der Euro schuf nämlich die Voraussetzung für das international vagabundierende Finanzkapital, sich die rentabelsten deutschen Unternehmen zu Spottpreisen anzueignen. Seitdem fließen nicht nur die Gewinne dieser Unternehmen mit Standort Deutschland in ihre Taschen, die neuen Eigentümer bestimmen auch die Strategien für die künftige Entwicklung dieser Unternehmen. Ihr primäres Ziel ist dabei die Gewinn- und Renditemaximierung, ohne Rücksicht auf soziale Standards und Interessen der Völker, die das Betriebsvermögen oft über Generationen hinweg aufgebaut haben. Im Lichte dieser Entwicklung ist der Vorwurf, daß die Deutschen selbst schuld seien, wenn sie den Eigentumserwerb an deutschen Unternehmen den anderen überlassen, eine Verhöhnung des Volkes. Und das ist in einer Demokratie der Souverän des Staates.

Nach dieser kurzen Einblendung der ökonomischen Hintergründe und der Bedeutung der Übereignung deutscher Unternehmen an ausländische Eigentümer wird es Zeit, uns ein Bild von der Dimension dieser Eigentumsübertragungen zu machen. Beginnen wir mit der Höhe des „Euro-Rabattes", also dem Preisnachlaß, den ausländische Aufkäufer durch den Euro erhielten. Das nachstehende Bild zeigt die Abwertung des Euro nach seiner Einführung. Es zeigt einen Ausschnitt der Abbildung 4: Wert des Euro (der DM) 1995-2015 auf Seite 23.

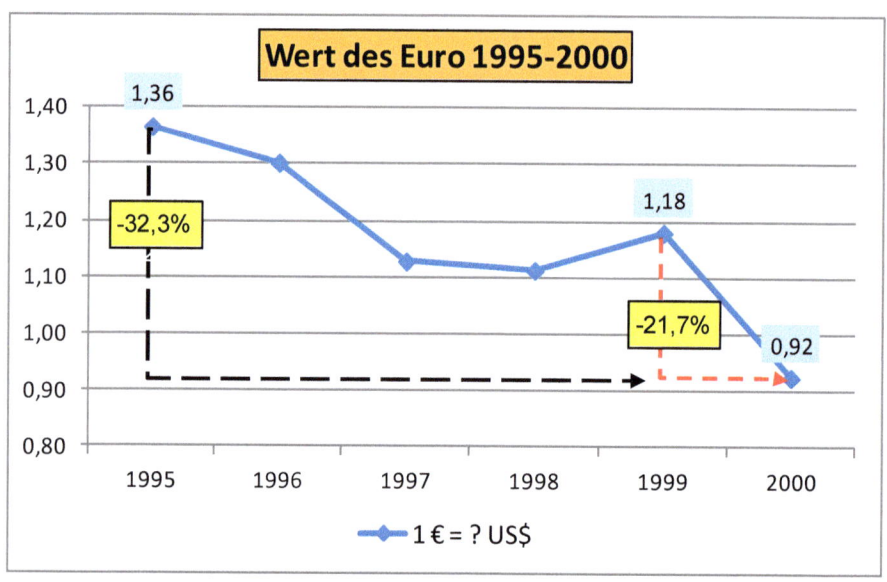

Abbildung 5: Euro-Abwertung 1995-2000

Bei der Abwertung der an den Euro gefesselten DM sind zwei Phasen zu unterscheiden: (1) die Zeit von 1995 bis Ende 1998, in der die DM im internationalen Geschäftsverkehr noch als Zahlungsmittel galt und (2) die Phase ab 1999, in der die DM zwar im Inland noch als Zahlungsmittel verwendet wurde, im internationalen Zahlungsverkehr aber bereits durch den Euro ersetzt worden war. Die DM war damit seit 1999 ganz offiziell an den Wert des Euro (im Verhältnis 1 Euro = 1,956 DM oder 1 DM = 0,511 Euro) gefesselt. Diese Fesselung war seit 1995 unabänderlich beschlossene Sache, wenn auch das exakte Verhältnis erst später bekanntgegeben wurde. Die DM hatte demzufolge bereits seit 1995 kontinuierlich ihren Wert eingebüßt, wie wir bereits festgestellt haben.

Die Graphik zeigt, daß der Euro (bzw. die im festen Verhältnis an den Euro gebundene DM) von 1995 – 2000 32,3 Prozent ihres Wertes verloren hatten. Von 1995 – 1999 betrug der Verlust 13,8 Prozent, in den nächsten beiden Jahren verloren Euro und DM noch einmal 21,7 Prozent, wie aus der Graphik hervorgeht. ()

Je nach Betrachtungsweise hatte also die an den Euro gebundene DM 21,7 Prozent, bzw. 32,3 Prozent verloren. Mit der von den Konsenspolitikern und Medien permanent vorgetragenen Behauptung, „der Euro sei so stabil wie die DM, ja sogar noch stabiler" hat diese „Elite" der Monopoldemokraten das Volk für dumm verkauft. Eine Währung ist nicht nur dann stabil, wenn sie einigermaßen inflationsfrei bleibt.

Unsere, an den Fakten orientierte Abwertung des Euro, ist aber noch lang nicht identisch mit dem gesamten Abwertungsverlust der DM. Der Wert DM ist ja zuvor jährlich um 6,17 Prozent angestiegen, wie wir auf Seite 20 oben aufgezeigt haben. Deshalb müssen wir die effektive Wertminderung des Euro, an dessen Wert die DM gebunden worden war, noch ergänzen um die Wertsteigerung der DM, die durch die Anbindung an den Euro weggefallen ist. Den festen Zusammenhang zwischen Euro und DM – die Fesselung der DM an den Euro – veranschaulicht die folgende Graphik:

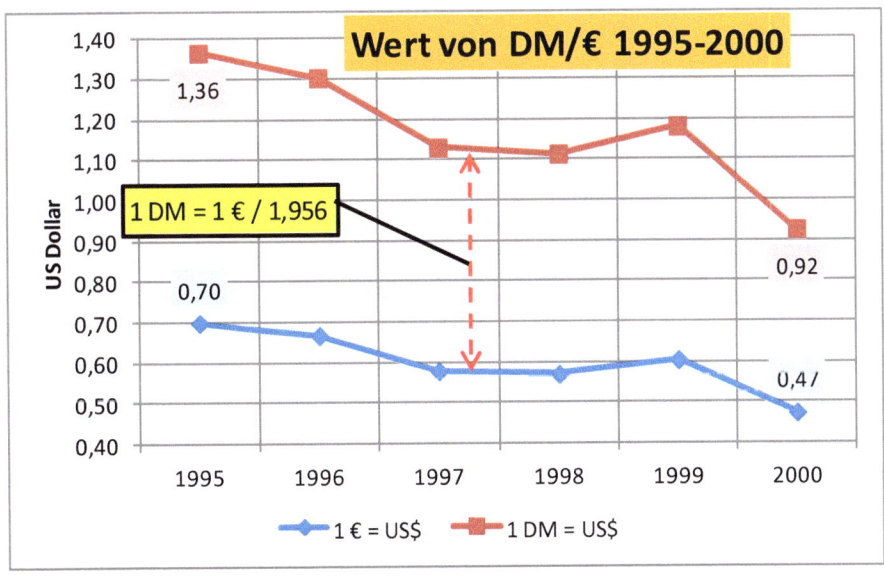

Abbildung 6: die Bindung der DM an den Eurowert

Die obere rote Linie zeigt die Wertentwicklung des Euro von 1995 bis 2000. Da die DM im Verhältnis 1 Euro = 1,956 DM an den Euro gebunden wurde, errechnet sich der Wert der DM in US Dollar mit: 1 dividiert durch 1,956. Dadurch erhält man die Wertentwicklung der DM im Vergleich zum US

Dollar. Sie wird von der unteren blauen Linie dargestellt. Die Erkenntnis aus der Graphik: 1995 hatte 1 DM bereits den Wert von 0,70 US-Dollar erreicht, bis zum Jahr 2000 ist der Wert der DM auf 0,47 US$ gesunken. Das entspricht exakt der Wertminderung des Euro (um 34,3 Prozent), die wir in Abbildung 5: Euro-Abwertung 1995-2000 oben ermittelt hatten. Wenn wir nun zu der effektiven Wertminderung des Euro (der DM) in Höhe von − 32,3 Prozent noch die den Deutschen entgangene Wertsteigerung hinzurechnen, so erhält man den Prozentsatz, um den der Wert der DM höher wäre als er effektiv durch die Anbindung an den Euro dann war. Diese Größenordnung veranschaulicht nachstehende Graphik:

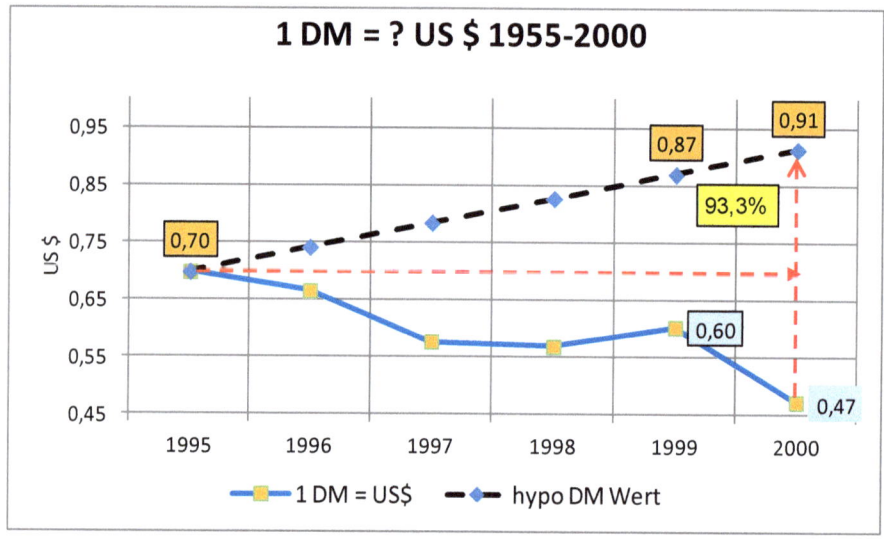

Abbildung 7: der Wert der DM ohne Euro im Jahr 2000

Die Differenz zwischen dem effektiven Wert der DM von 0,47 US Dollar und ihrem potentiellen (wahrscheinlichen) Wert im Jahr 2000 (0,91 US Dollar) beträgt 93,3 Prozent (gemessen am Wert der DM von 0,47 US$ im Jahr 2000). Das konnte nicht ohne Folgen für die Deutschen und die deutsche Volkswirtschaft bleiben:

Alle Ausländer aus den Nicht-Euroländern konnten in Deutschland um 93,3 Prozent billiger einkaufen, weil die Deutschen ihre DM gegen den Euro eingetauscht hatten. Auch für die Einkäufer der Euro-Länder hatten sich die

Einkäufe in Deutschland stark verbilligt, weil sie nicht mehr mit ihrer im Verhältnis zur DM wesentlich niedriger bewerteten Währung (italienische Lira oder französische Francs z.B.), sondern mit dem gleichwertigen Euro einkaufen konnten!

Während sich die Einkäufe der Ausländer wesentlich verbilligten, mußten die Deutschen für alle Importe um 93,3 Prozent mehr bezahlen. Die importierten Konsumgüter machten die deutschen Haushalte auf diese Weise direkt ärmer, die von deutschen Unternehmen importierten Rohstoffe und Vorprodukte machten das auf indirekte Weise: Abhängig von dem Anteil der importierten Rohstoffe und Vorprodukte an den gesamten Produktionskosten der Unternehmen, mußte sich auch der Verkaufspreis der deutschen Produkte er-höhen. Allerdings konnte wegen des nationalen und internationalen Wettbewerbs die Importpreissteigerung nicht in vollem Umfang über die Verkaufspreise an die Verbraucher, den Handel und die Industriekunden weiter gegeben werden, was zur Folge hatte, daß die Gewinnmarge (Rendite) sinken und zugleich ein Druck auf die Lohnkosten entstehen mußte. Stagnation der Lohnkosten, Lohnkostensenkungen (Zeit- und Leiharbeit), Arbeitslosigkeit (auch durch Auslagerung der Fertigung und ganzer Unternehmen ins Ausland) waren die Folge, so daß die deutschen Konsumenten (Haushalte) noch einmal (indirekt) ärmer gemacht wurden. Die Verteuerung der Inlandsproduktion traf natürlich auch die Exportindustrie, deren Preise ebenfalls ansteigen mußten, sodaß sich die Wertminderung der DM (des Euro) nicht in voller Höhe in den Exportpreisen niederschlagen konnte. Die durch die gestiegenen Importpreise ausgelöste Arbeitslosigkeit und die damit verbundene Einkommensminderung konnte deshalb nicht vollständig durch die erhöhte Produktion in dcr Exportindustrie ausgeglichen werden.

Kommen wir nun noch zu den Vermögenswerten. Sie wurden ebenfalls infolge der (1) Abwertung und der (2) entgangenen Aufwertung (der DM) billiger! Das hatte zur Folge, daß das vagabundierende internationale Finanzkapital, deren bedeutendste Vertreter in den USA und England beheimatet sind, deutsche Unternehmen nahezu nach Belieben aufkaufen konnten, weil sie dank des Euro dafür um rund 93 Prozent weniger bezahlen mußten.

An dieser Stelle ist es angebracht, auf das Zustandekommen der 93 Prozent und ihrer Aussagekraft etwas genauer einzugehen. Diese Zahl basiert auf der Annahme, daß die Wertsteigerung der DM in den 25 Jahren zuvor in unveränderter Höhe nach 1995 angehalten hätte. Eine solche Annahme kann natürlich in ihrer Absolutheit für die Lebenswirklichkeit ökonomischer Entwicklungen nicht gemacht werden. Vor allem dann nicht, wenn die Prognose über einen längeren Zeitraum erfolgt. Der Wandel gesellschaftlicher, sozialökonomischer und politischer Bedingungen in einer Zeit eines sich beschleunigenden technischen Fortschrittes kann mit einer derart einfachen mathematischen Prolongation nicht erfaßt werden. Unsere Rechnung erhebt deshalb auch nicht den Anspruch, den Wert der DM für eine Zeitspanne von (in diesem Fall) 5 Jahren **exakt vorhersagen zu können**. Die Quantifizierung der den Deutschen entgangenen DM -Aufwertung – die Abwertung des Euro ist demgegenüber Fakt – soll nur eine anschauliche Vorstellung wecken, in welchem Größenbereich diese Aufwertung sich sehr wahrscheinlich bewegt hätte. Daß das Ergebnis der Rechnung trotzdem sehr realistisch ist, zeigt ein Vergleich mit der Schweizer Währung, dem Schweizer Franken (SFR).

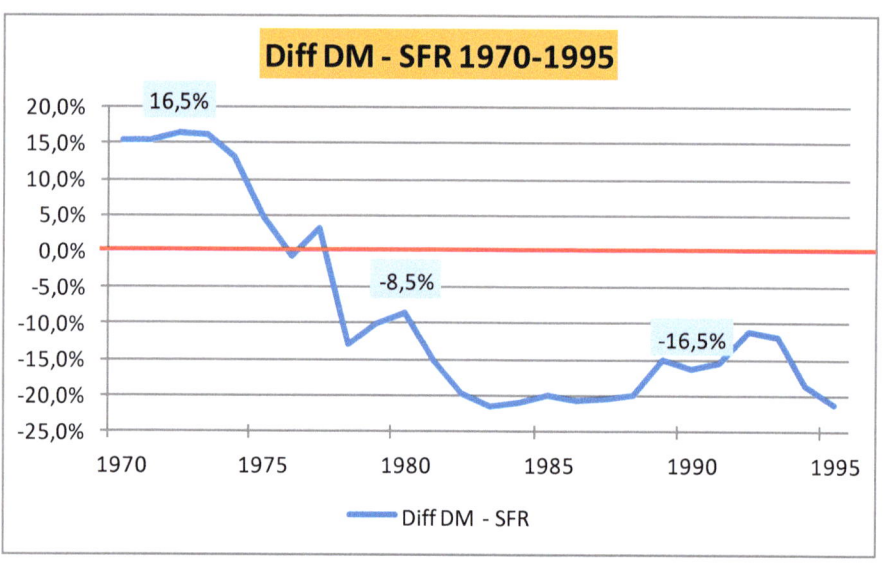

Abbildung 8: der SFR im Vergleich zur DM

Vor der Auflösung der DM im Euro entwickelte sich der Wert beider Währungen parallel zueinander. Zu Beginn lag der Wert des SFR unter dem der DM, erst nach 1978 überstieg der SFR den Wert der DM:

Die Graphik zeigt die Differenz zwischen dem DM- und dem Frankenwert. Ab 1978 war der SFR mehr wert als die DM. Für die Gesamtperiode der 25 Jahre von 1970 bis 1995 errechnet sich ein Durchschnitt von – 8,4 Prozent, um den die DM weniger wert war. Schauen wir uns nun im Vergleich dazu die Wertentwicklung der DM in der Zeit an, seit sie an den Euro gefesselt wurde:

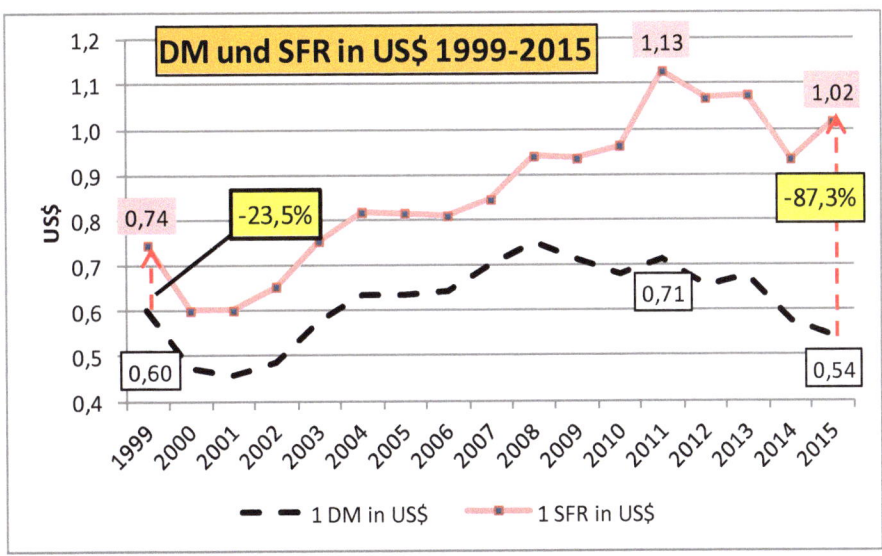

Abbildung 9 Vergleich der DM zum SFR nach Einführung des Euro

Die obere rote Linie zeigt die Wertentwicklung des Schweizer Franken, die untere die der DM nach Einführung des Euro. Die Divergenz wird ständig größer. Im 17. Jahr nach Einführung des Euro (2015) ist der Schweizer Franken rund doppelt so viel wert wie die DM. Auf diesen Wert wäre die DM ohne die Anbindung an den Euro sicherlich nie und nimmer gesunken. Die blaue parallele Linie zeigt den Wert des US-Dollar (= 1), an dem die beiden Währungen gemessen wurden. Berücksichtigt man, daß die Schweizer Notenbank seit 2010 (Beginn der Griechenland-Krise) ständig bemüht war, durch Euro Aufkäufe den Devisenwert bei 1,20 SFR je Euro zu halten, wird man davon ausgehen können, daß der SFR heute einen noch höheren Wert hätte.

31

Worauf es bei diesem Exkurs ankommt: Die Wertentwicklung des Schweizer Franken zeigt ebenso wie die einfache rechnerische Prolongation des DM Wertes in die Zukunft, welchen Wert die DM in etwa erreicht hätte, wenn sie nicht an eine Währung gekettet worden wäre, deren Außenwert auch wesentlich von der Leistungsfähigkeit anderer europäischer Volkswirtschaften beeinflußt wird, die weit unter der deutschen liegt. Daß diese Volkswirtschaften nicht in der Lage sind, trotz der riesigen Transfersummen (Nettozahlungen), plus der niedrigen Zinsen in der Euro-Union und plus der günstigen Einkaufspreise im Ausland (auch im Euro-Ausland) ihre Leistungsfähigkeit anzuheben, beweist, daß der Euro auch ihnen im Endeffekt mehr geschadet als genutzt hat.

Hinzu kommt noch der verzweifelte Versuch, diesen für alle Mitgliedsländer schädlichen Euro zu retten, der im Falle Griechenlands geradezu tragische Formen angenommen hat. Erst die Spardiktate haben die griechische Volkswirtschaft so richtig tief in die Krise gestoßen. Wir werden noch erklären, warum dies eine ökonomisch zwangsläufige Folge und deshalb vorhersehbar war. Auch die den Griechen zwangsweise auferlegten Reformen mußten die momentane Krise noch weiter verschlimmern, weil sie nicht sofort, sondern erst nach Jahren ihre Wirkung entfalten können. Doch das wollen die Euro Retter nicht einsehen.

Im sechsten Jahr der Euro- und Griechenlandrettung ist die Arbeitslosen- und Schuldenquote der Griechen weit höher als 2010. Und die solidarischen Retter werden am Ende die Kosten dieser „Rettung" von über 300 Mrd. Euro schultern müssen, egal ob die Griechen aus dem Euro ausscheiden oder nicht. Die Hartnäckigkeit, mit der die ideologisierten Euro Dogmatiker ihr Tun verfolgen, hat eine einfache Erklärung: Sie fürchten daß ein Griechenland mit einer eigenen Währung – die der Mentalität des Volkes, seinem Leistungswillen und seiner Leistungsfähigkeit entspricht – in kürzester Zeit die Krise überwinden könnte. Und das wäre auch der Beweis, daß der Euro nicht nur den Griechen nachhaltigen Schaden zugefügt hat, sondern auch allen anderen Euro-Ländern, denen der „Anzug" des Euro zu groß war. Die Euro Retter hatten bei ihrem Denken und Tun von Anfang an verläßliche Partner. Das waren sämtliche griechische Regierungen, und das ist auch Alexis Zipras, der Parteiführer von Syriza, der am Ende weit härtere Spar- und Reformauflagen als alle Vorgänger-Regierungen akzeptierte. Diese werden die griechische Volkswirtschaft jetzt endgültig ruinieren. Das schlei-

32

chende Gift des kostenlosen Wohlstands durch Euro und Transferzahlungen hat nicht nur das griechische Volk betäubt, es hat auch Zipras Denken gewendet. Er hat seine Versprechungen gebrochen, um wieder gewählt zu werden.

Im Gegensatz zu den vormaligen Schwachwährungsländern war der „Anzug" des Euro für die Deutschen und ihre Volkswirtschaft zu klein. Das führte dazu, daß trotz steigender Exporte das Wachstum des deutschen Volkseinkommens einbrach, die Arbeitslosigkeit schlagartig anstieg und die Deutschen im Pro-Kopf Einkommen der europäischen Volkswirtschaften nach unten durchgereicht wurden. Das sind die wesentlichen Erkenntnisse, die jedoch die vom Euro-Wahn erfaßten Politiker und die sie tragenden Medien bis heute ignorieren.

7 Die Dimension des Abverkaufs deutscher Unternehmen

Nach der Einführung des Euro setzte eine Welle von **Aufkäufen** deutscher Unternehmen ein, **wie sie Deutschland und die Welt bisher noch nie gesehen hatte**. Die deutschen Medien sprachen mit offensichtlicher Genugtuung von der Auflösung der Deutschland AG und begrüßten sie als Weg zur weiteren Effizienzsteigerung der deutschen Wirtschaft. Die Welle erfaßte alle deutsche Unternehmen, auch die Staats- und Kommunalbetriebe, wie die Energieversorger oder den staatlichen oder halbstaatlichen Immobilienbesitz, insbesondere in der ehemaligen DDR balgten sich die anglo-amerikanischen Investoren um die „Beute". Das nannte man euphemistisch Privatisierung. In der Regel waren es aber ausländische Investoren, die zu Euro-Ramschpreisen Eigentum an Betrieben der Telekommunikation, des Verkehrs (Eisenbahnen), Energieversorger (Vattenfall) und Wohn – und Geschäftsimmobilien erwarben. Für die politischen Eliten und die Medien waren die Abverkäufe nie ein Problem. Und jetzt, 2015, erzählt der Mitherausgeber der FAZ, Holger Steltzner, daß die Deutschen schlichtweg zu dumm waren, sich selbst durch Aktienerwerb Vermögen und den Gewinnen der deutschen Unternehmen zu beteiligen? Ist ihm die Tatsache nicht bekannt, daß die Amis und Engländer alle deutschen Unternehmen und Vermögensobjekte zum halben Preis kaufen konnten? Dank des Euro! Von dem die Deutschen angeblich am meisten profitierten. Welch ein Hohn und Zynismus für jeden, der die Zusammenhänge kennt!

7.1 Ausländer eignen sich über 60 Prozent der DAX Unternehmen an

Hier ist nicht der Ort, die Zahl und den Wert aller deutschen Unternehmen aufzuzählen, die seit Einführung des Euro in ausländisches Eigentum übergegangen sind. In welcher Größenordnung dies allein bei den 30 größten deutschen Aktiengesellschaften geschehen ist, belegen die nachstehende Graphik und die Zahlen der anschließenden Tabelle. Aus der Zahl jener Unternehmen, die vollständig in ausländisches Eigentum übergingen, werden wir aber am Beispiel der Mannesmann AG aufzeigen, welchen Euro-Rabatt die englische Vodafone bei ihrer „feindlichen Übernahme" erhielt,[13]:

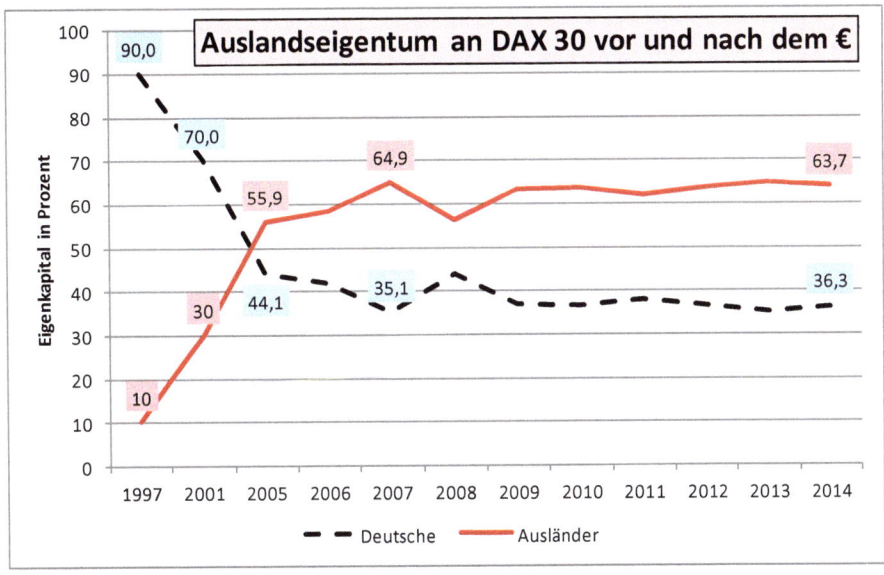

Abbildung 10, Auslandseigentum an Dax Unternehmen

Im Jahr 1997 hatten die Deutschen noch einen Eigentumsanteil von 90 Prozent an den 30 größten deutschen Aktiengesellschaften, im Jahr 2005 war der Eigentumsanteil der Ausländer bereits auf 55,9 Prozent angestiegen. Besonders eklatant sichtbar ist der sprunghafte Anstieg des Auslandseigentums unmittelbar nach Einführung des Euro. Der Trend des Eigentumsabverkaufes hielt bis 2007 an, danach setzte Weltfinanzkrise der Entwicklung ein vorläufiges Ende. Seitdem haben die Eigentumsverhältnisse sich bei 2/3 Auslandseigentum und 1/3 deutsches Eigentum eingependelt. Die nachfolgende Tabelle zeigt die Entwicklung bis 2014 noch einmal in einem Überblick:

---

[13] Zahlenquelle: für 1997 und 2001 aus Handelsblatt, Dezember 2007 vom 17.12.2007, alle anderen Wert aus Deutsche Bundesbank Monatsberichte September 2014, Seite 24.

Auslandseigentum an DAX-Unternehmen

in % EK	1997	2001	2005	2006	2007	2008	2009	2010	2011	2012	2013	2014
Deutsche	90	70	44,1	41,9	35,1	43,9	36,9	36,5	38,1	36,6	35,4	36,3
Ausländer	10	30	55,9	58,1	64,9	56,1	63,1	63,5	61,9	63,4	64,6	63,7

Tabelle 4, Auslandseigentum an DAX-Unternehmen 1997-2014

7.2 Beispiel Mannesmann: Die Dimension des Euro-Rabattes

Nicht nur deutschen Aktien waren für die anglo-amerikanischen Aufkäufer schlagartig billiger geworden, alle die deutschen Unternehmen waren infolge der der Abwertung des Euro innerhalb von 10 Monaten um 24,2 Prozent billiger geworden. Um wieviel sich der Kaufpreis der Mannesmann AG für den englischen Weltkonzern Vodafone verbilligte, soll beispielshaft den Euro-Rabatt für alle diese Aufkäufe veranschaulichen. Vodafone bezahlte 190 Mrd. Euro (372 Mrd. DM) für die Übernahme, und es stellt sich die Frage, wie hoch der Kaufpreis gewesen wäre, wenn Deutschland die DM nicht aufgegeben hätte? Wir müssen wieder berücksichtigen, daß die DM bereits ab 1995 ihren Wert kontinuierlich eingebüßt hatte. Vorher war die DM seit 1960 im Verhältnis zum englische Pfund (£) von 1 DM = 0,085 £ auf 0,442 £ im Jahr 1995 angestiegen. Das ist eine Steigerung um 417,6 Prozent. Die jährliche Steigerung betrug also 11,9 Prozent[14]. Von 1995 bis 2000 sank der Kurs der DM (ab 1999 der an den Euro gefesselten DM) auf 0,312 £ (um -29,5%). Da die Wertsteigerung der DM im Wesentlichen auf die Exportüberschüsse Deutschlands zurückzuführen ist, die sich in diesem Zeitraum nicht geändert haben, kann man davon ausgehen, daß diese Wertsteigerung auch nach 1995 angehalten hätte. Aus der realen Wertentwicklung des Euro und einem unveränderten Wertanstieg der DM kommt man zu nachstehendem Bild:

---

[14] Zahlen aus:
http://www.bundesbank.de/Navigation/DE/Statistiken/Zeitreihen_Datenbanken/Makrooekonomische_Zeitreihen/its_details_value_node.html?tsId=BBK01.WJ5009.

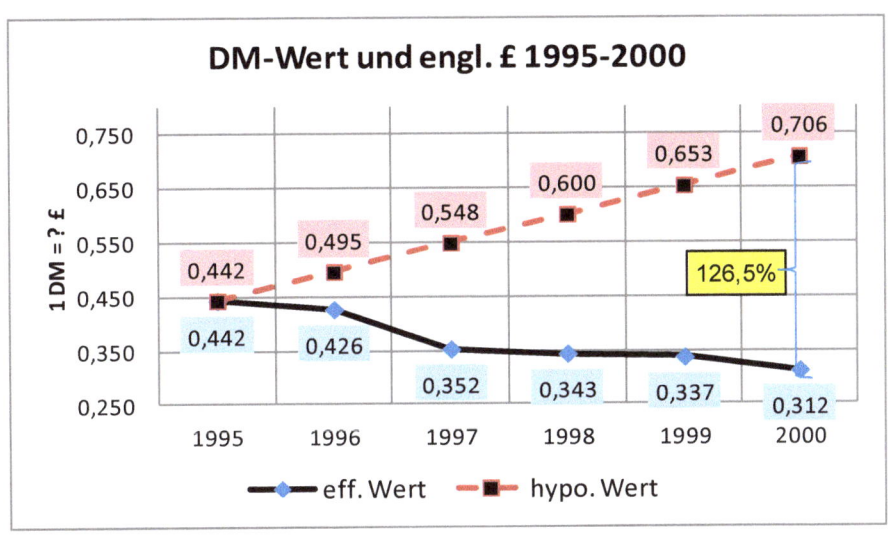

Abbildung 11, DM-Wert im Vergleich zum englischen £

Die untere Linie zeigt wieder den effektiven Wertverlust der DM nach 1995 infolge ihrer Anbindung an den Euro. Die obere Linie zeigt die Wertentwicklung der DM, wenn es keinen Euro gegeben hätte und die DM nicht an den Wert des Euro gefesselt worden wäre. Im Jahr 2000 hatte 1 DM den Wert von 0,312 £. Ohne die Anbindung an den Euro wäre die DM aber auf 0,706 £ gestiegen. Ihr Wert wäre also um 126,5 Prozent höher gewesen. Das wirkt sich auf den Kaufpreis, den Vodafone für die Mannesmann AG gezahlt hat, wie folgt aus:

Vodafone hätte einen um 126,5 Prozent höheren Kaufpreis zahlen müssen. Der effektive Kaufpreis hätte dann **372 Mrd. DM** (+ 126,5 Prozent = 470 Mrd. DM) = **842 Mrd. DM** (bzw. 430 Mrd. Euro) betragen. Es ist keine Frage, daß Vodafone bei diesem Preis kein Interesse an einer Übernahme von Mannesmann gehabt hätte.

So aber war der Aufkauf für Vodafone ein „Bombengeschäft". Nach der Übernahme behielt Vodafone nur die Telefonsparte und verkaufte alle anderen Sparten des Mischkonzerns zu Höchstpreisen die sich überbietenden Interessenten. Zusätzlich machte Vodafone gegenüber dem deutschen Fiskus eine Sonderabschreibung auf den angeblich niedrigeren Unternehmenswert von Mannesmann geltend und minderte damit die Kaufsumme ein weiteres Mal.

Die Dimension des Euro-Rabattes, die wir im Fall der feindlichen Übernahme der Mannesmann AG beispielhaft veranschaulicht haben, gilt für alle Aufkäufe deutscher Unternehmen seit Einführung des Euro. Auch für die ungezählten Übernahmen deutscher Mittelstandsbetriebe. Zur Erinnerung: Bei Einführung des Euro hatte er einen Wert von 1,18 US Dollar pro Euro, heute im Juli ist er mit 1,09 US Dollar noch weniger Wert. Die Aufkäufe deutscher Unternehmen sind dementsprechend im Jahr 2015 wieder erheblich angestiegen. Auch chinesische Unternehmen greifen jetzt in zunehmendem Maß nach deutschen Unternehmen, vor allem um an den Technologievorsprung der deutschen Wirtschaft billig erwerben zu können. Ihre Währung, der Renminbi hat in den letzten Jahren kräftig an Wert zugelegt.

7.3 Die selektive Berichterstattung der Medien

Die Folgen von Auf- und Abwertungen einer Währung auf die Export- und Importpreise sind hinlänglich bekannt. Eine Abwertung, wie im Falle des Übergangs von der DM zum Euro, verbilligt die Exporte und verteuert die Importe. Daß der Euro die deutschen Exporte verbilligt und damit gesteigert hat, haben uns die Medien nahezu täglich „eingetrichtert", verbunden mit der Behauptung, daß dies für die Deutschen von Vorteil sei, weil er Einkommen und Arbeitsplätze schaffe.

Daß sich auf der anderen Seite die Importe dadurch spürbar verteuern, wissen die Ökonomen und die Wirtschaftsjournalisten ebenfalls. Die Deutschen bekamen dies nach der Einführung des Euro deutlich zu spüren. Sie beklagten die Auswirkungen, das Wort „Teuro" war damals in aller Munde. Sie klagten auch über Arbeitslosigkeit, die gar nicht hätte entstehen können, weil doch die Exporte und Exportüberschüsse fortwährend angestiegen waren. Weder die Ökonomen noch die Medien nannten die Verteuerung der Importe als Ursache. Das war jetzt, im Falle Rußlands, Ende 2014 und Anfang 2015 ganz anders, als der Rubel wegen des Ölpreisverfalls und der Sanktionen gegen Rußland stark abwertete. Sie berichteten ausführlich anhand von Beispielen, daß dies die Importe verteuere, daß die Bevölkerung deshalb arbeitslos und ärmer werden müsse und sparten nicht mit ihrer Häme über diese Entwicklung. Eine Entwicklung, die sie im Falle der an den Euro gefesselten DM nicht wahr genommen oder absichtlich übersehen haben. Genauso übersehen, wie die Aufkäufe deutscher Unternehmen und deutschen Vermögens. Oder gibt es noch andere Ursachen für die selektive Wahrnehmung der Fakten? Die Verbilligung deutscher Vermögenswerte, insbesondere des Produktivvermögens für alle ausländischen Aufkäufer – beschönigend auch Investoren genannt – ist ein Faktum, ebenso wie die Tatsache daß sie von den Medien und von der Ökonomie als Wissenschaft verschwiegen wurde.

Wenn dieser Sektor der gesellschaftlichen Elite schon die Fakten nicht nennt, warum auch immer, so muß man sich nicht wundern, daß diese Spezies auch die damit verbundenen ökonomischen Wirkungszusammenhänge ignoriert. In Deutschland begünstigte der Wegfall der DM (also die Einführung des Euro) ausländische Investoren. Der Euro wirkte somit wie eine **Subventionierung** ausländischer Investoren. Eine Subventionierung aller ausländischen Finanzinvestoren, ohne Ausnahme, sogar dann, wenn diese aus anderen Euro-Ländern kamen. Er verlieh den vormals notorischen Abwertungsländern eine **Kaufkraft, die in keinem Verhältnis zu ihrer wirtschaftlichen Leistungsfähigkeit** stand. Diese Leistungsfähigkeit wurde ja nicht dadurch erhöht, daß sie von heute auf morgen, ihre mindere Währung durch den Euro ersetzten. Der Euro verlieh ihnen aber von heute auf morgen eine Kaufkraft, die es den Unternehmen erlaubte, in Deutschland Unternehmen aufzukaufen, die sie mit ihrer eigenen Währung hätten nie aufkaufen können. Nur so konnte die Übernahme der Höchst AG durch das französische Pharma-Werk Sanofi mit der nachfolgen Überführung in den Aventis Konzern gelingen. Gleiches gilt für Übernahme der Hypo-Vereinsbank, die damals nach der Deutschen Bank die zweitgrößte Bank Deutschlands war, durch die italienische Unicredit. Auch der Aufkauf der Hochtief AG durch den spanischen Baukonzern ACS wäre nie möglich gewesen.

An dieser Stelle mag die Frage aufkommen, welche Möglichkeiten es gegeben hätte, solche „Raubkäufe" zu verhindern? Die Antwort ist einfach: Nach Einführung des Euro gab es keine Möglichkeit. Wenn es eine deutsche Regierung hätte versuchen wollen, z.B. durch eine staatliche Beteiligung an diesen Unternehmungen, dann wäre dies als ein Verstoß gegen europäisches Recht geahndet worden. Die EU- und Euroverträge garantieren (vordergründig) den uneingeschränkten europa- und weltweiten Wettbewerb. Daß aber ein schwacher Euro die leistungsfähigen deutschen Unternehmen für die übrige Welt weit unter Wert (nämlich zum Euro-Wert und nicht zum DM-Wert) verkauft würden, das überschreitet offensichtlich den Erkenntnishorizont der vom Euro-Wahn erfaßten Politiker und der im herkömmlichen juristischen Denken befangenen Ausgestalter des Euro-Gesetzeswerkes. Auch aus dem Bereich der Wirtschaftswissenschaft fand sich kein Vertreter, der diesen Kausalzusammenhang aufgezeigt hätte.

Der Abverkauf deutschen Produktivvermögens war natürlich nicht der einzige Schaden, den der Euro Deutschen und ihrer Wirtschaft zufügt hat. Er hat alle Bürger, Konsumenten und Haushalte in Deutschland erheblich ärmer gemacht. An einem konkreten Beispiel wollen wir aufzeigen, wie diese Verarmung von statten ging und welche Dimension sie hatte.

8   Der Abstieg eines Wirtschaftswunderlandes

Es ist die Geschichte, wie der Euro die Importe verteuerte und die Deutschen ärmer machte. Der Abstieg begann – zunächst unbemerkt – bereits 1995, als die DM in den Sog des Euro gezogen wurde. Nach der Einführung des Euro 1999, büßte der in nur 2 Jahren 27,1 Prozent seines Wertes einbüßte ein und mit ihm die an ihn gebundene DM. Von da an waren die Weichen zum Niedergang der deutschen Wirtschaft endgültig gestellt. Seit 1995 hatte die DM bis zum Jahr 2000 insgesamt 32.7 Prozent ihres Wertes eingebüßt (siehe Abbildung 5: Euro-Abwertung 1995-2000 auf Seite 26). Diese Abwertung hatte seitdem alle Importe verteuert. Diese Tatsache ist den Deutschen heute noch nicht bewußt. Ihnen wurde eingebleut, daß der Euro die deutschen Exporte steigerte, weshalb der Euro die Deutschen reicher mache. Eine Behauptung, die schon aus realwirtschaftlicher Sicht unsinnig ist, denn wie soll ein Volk reicher werden, wenn es ständig mehr exportiert als es importiert? Wie dümmlich die Begründung ist, daß die Erlöse aus den Exportüberschüssen uns reicher machen, werden wir noch im Detail darlegen.

Daß die Deutschen dieses Lügenmärchen glaubten, ist dennoch sehr verwunderlich, wo doch die meisten von ihnen gerade nach der Einführung des Euro spürbar ärmer wurden, die Arbeitslosigkeit erheblich anstieg, und die übrige Welt über die Deutschen und ihre Wirtschaft als „kranker Mann" Europas spotteten. Die Medien konnten zwar die die Arbeitslosigkeit nicht verschweigen, aber die Tatsache, daß der Euro die Ursache war, nannten sie nie! Gerne übernahmen die im Eurokonsens geeinten Politiker damals die Erklärung der ihnen liebdienend zuarbeitenden Ökonomen, daß die Deutschen in dcn Jahren zuvor über ihre Verhältnisse gelebt hätten, weshalb sie sich jetzt einschränken müßten. Eine Legende, die auch heute noch stereotyper Standard ist. Die erheblich verteuerten Importe, trieben ja nicht nur die Konsumgüterpreise in die Höhe, sondern gingen auch in die Preise der im Inland produzierten Güter und Leistungen ein (dazu gehören auch die im Inland erzeugten Exportgüter).Dieses Faktum hätte ja das Bild beschädigt, daß der Euro für die Deutschen von großem Vorteil sei. Am Beispiel der Verteuerung des Dieselkraftstoffpreises werden wir das Ausmaß aufzeigen, um wieviel die Importe sich durch den Euro verteuerten und die Deutschen ärmer machte:

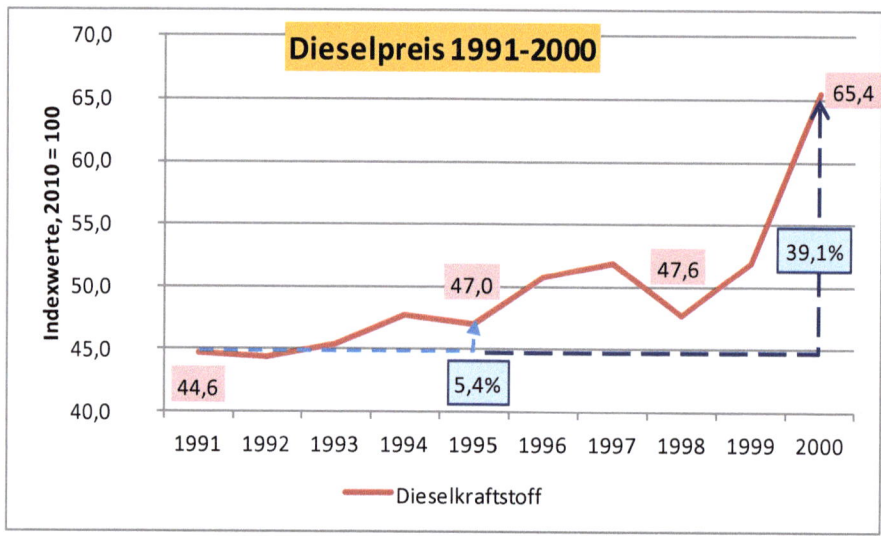

Abbildung 12: Preis für Dieselkraftstoff 1991-2000

Bei den Werten auf der vertikalen Achse handelt es sich um Indexwerte (prozentuale Steigerung) auf der Basis der Preise des Jahres 2010[15].

Erkenntnis 1: In den fünf Jahren von 1991-1995 war der Preis für Dieselkraftstoff um 5,4 Prozent auf 47,0 Indexpunkte gestiegen. Erkenntnis 2: In den nachfolgenden 5 Jahren, unter der Ägide des Euro, die bereits 1995 einsetzte, betrug der Anstieg dagegen 39,1 Prozent. Schon allein diese Tatsache läßt erkennen, daß diese Teuerung mit dem Euro zusammenhängen muß.

Da aber eine gleichzeitige Erhöhung des Rohstoffpreises für Öl ebenso die Ursache der Preissteigerung sein könnte, müssen wir diese Ursache noch ausschließen:

---

[15] Zahlen aus Sachverständigenrat: Preisindizes für ausgewählte Energieprodukte; http://www.sachversaendigenrat.de/gutacht/fileadmin/dabeiablage/download/gutachten/zr_deutschland.html.

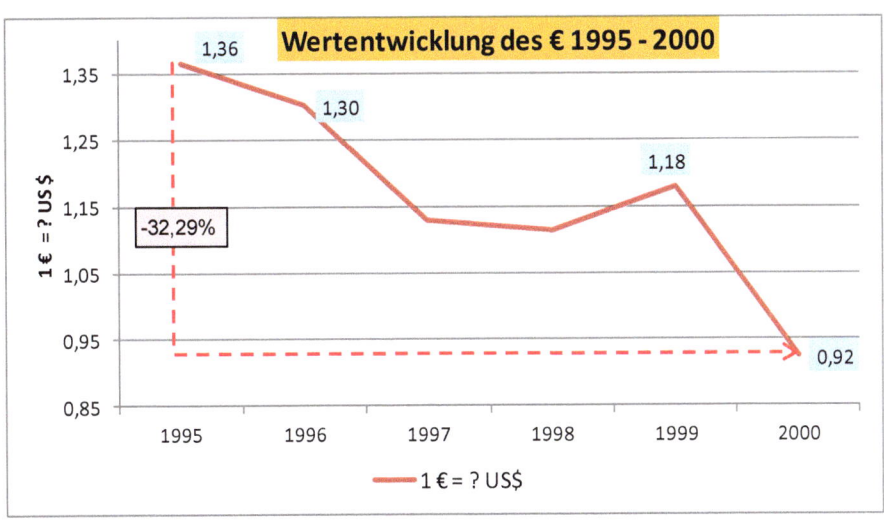

Abbildung 13: Euro-Wert 1995-2000

Die Graphik zeigt, daß der Euro (die DM) in diesen fünf Jahren um 32,29 Prozent gefallen ist[16]. Bezogen auf die gesamte Dieselpreissteigerung in Höhe von 39,1 Prozent (= 100 %), wie Abbildung 12auf Seite 42 zeigt, sind das 82 Prozent. Die restlichen 18 Prozent sind also auf die Steigerung des (in Dollar gehandelten) Ölpreises zurückzuführen. Die folgende Tabelle soll den Rechenvorgang nachvollziehbar veranschaulichen:

Teuerung durch Abwertung:		
Dieselpreissteig.	39,1%	
€-Abwertung	-32,3%	-0,82
Rohstoffpreissteig.	6,9%	0,18

Tabelle 5: Abwertungsanteil an Preissteigerung

---

[16] Zahlen aus:
http://www.bundesbank.de/Navigation/DE/Statistiken/Zeitreihen_Datenbanken/Makrooekono mi-
sche_Zeitreihen/makrooekonomische_zeitreihen_node.html?anker=AUSSENWIRTSCHAFT DEV.

Die Abwertung in Höhe von – 32,3 Prozent macht 82 Prozent der gesamten Preissteigerung aus, auf die Rohstoffpreissteigerung entfallen somit 18 Prozent.

Unsere Rechnung beweist, daß die Verteuerung des Dieselpreises infolge der Abwertung wesentlich höher ist, als durch die Verteuerung des Materialpreises. Und sie zeigt auch, daß die durch die Abwertung verursachte Verteuerung gesondert von der Gesamtverteuerung (beider Preiskomponenten) ermittelt werden kann. Somit können wir jetzt die durch die Abwertung verursachte Verteuerung des Dieselkraftstoffes ganz konkret berechnen. Zuerst aber verschaffen wir uns noch ein Bild von dem Ausmaß der Euro Abwertung zwischen 1995 und 2000:

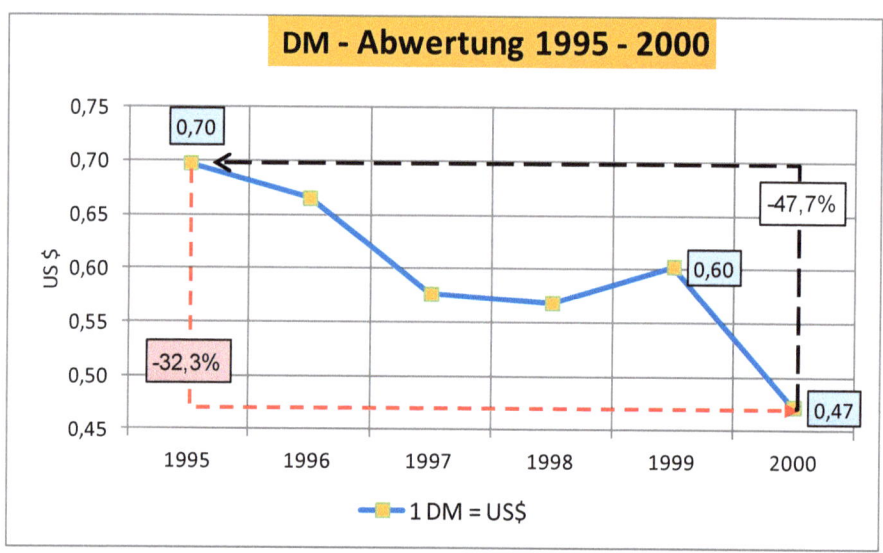

Abbildung 14, die Abwertung und der Dieselpreis

Die Graphik ist im Prinzip identisch mit Abbildung 13: Euro-Wert 1995-2000 auf Seite 43. Allerdings zeigt sie nicht die Euro-, sondern die DM-Abwertung, die sich natürlich parallel zur Abwertung des Euro entwickelt hat. Deshalb ist auch der Prozentsatz der Abwertung (– 32,3%) auf der linken Seite der gleiche wie in der vorherigen Graphik. Hinzugekommen ist jetzt aber noch ein weiterer Prozentsatz auf der rechten Seite mit - 47,7%, der einer kurzen Erläuterung bedarf: Wir gehen hier der Frage nach, um wieviel sich der Dieselpreis infolge der Abwertung verteuert hat. Oder anders formuliert: um wieviel Prozent der Wert der DM im Jahr 2000 höher wäre, wenn sie nicht infolge der Anbindung an den Euro abgewertet worden wäre. Wir vergleichen also die Differenz zwischen 0,70 und 0,47 US Dollar (= 0,23 US Dollar) mit dem Wert von 0,47 US Dollar und fragen, um wieviel Prozent die DM (= 0,70 US Dollar) mehr wert wäre als die 0,47 US Dollar im Jahr 2000. Das Ergebnis: Die DM wäre 47,7 Prozent mehr wert.

Jetzt können wir auch den Dieselpreis für Deutschland errechnen, der sich ergeben hätte, wenn der Euro (die DM) nicht abgewertet, sondern wenigstens konstant geblieben wäre. Die nachstehende Tabelle liefert uns die Eckpunkte für diese Berechnung:

Jahr	Kurswert		Liter Preis	
	1 DM = US$	1 € = US$	in €	in DM
1995	0,70	1,36	0,73 €	1,43
1996	0,67	1,30	0,77 €	1,50
1997	0,58	1,13	0,89 €	1,73
1998	0,57	1,11	0,90 €	1,76
1999	0,60	1,18	0,85 €	1,66
2000	0,47	0,92	1,08 €	2,12
δ 1995-2000	-0,23	-0,44	0,35 €	0,68
in % 2000	-47,7%	-47,7%	32,3%	32,3%
in % 1995	-32,3%	-32,3%	47,7%	47,7%

Tabelle 6: der Dieselpreis ohne Euro/DM – Abwertung

Nehmen wir der Einfachheit halber (zunächst einmal) an, daß 1 Liter Diesel im Jahr 1995 1 US Dollar gekostet hat und sich nicht verändert hat[17]. Da 1 Euro 1995 einen Wert von 1,36 US Dollar hatte, errechnet sich daraus ein Euro-Preis von: 1 / 1,36 = **0,73 Euro** für 1 Liter Diesel, was 1,43 DM entspricht. Beide Preise sind in den letzten beiden Spalten der Tabelle in der

---

[17] Ein Anstieg oder eine Preissenkung des Materialpreises (in US Dollar) ändert an dem auf die Abwertung zurückzuführenden Preisanstieg nichts, wie wir oben auf Seite 19 oben gesehen haben.

obersten Zeile (für das Jahr 1995) aufgeführt[18]. Im Vergleich dazu war aber der effektive Preis, den die Deutschen im Jahr 2000 zahlen mußten, 1,08 Euro, bzw. 2,12 DM, wie in den beiden letzten Spalten in der Zeile „Jahr 2000" abzulesen ist. In **Deutschland mußte man also um 47,7 Prozent mehr zahlen**, weil man die DM gegen den Euro eingetauscht hatte.

Doch diese Teuerung infolge der Euro-Abwertung erfaßt immer noch nicht die ganze Wirklichkeit. Die den Deutschen mit der Aufgabe der DM entgangene Aufwertung der DM, haben wir noch nicht berücksichtigt. Sie betrug vor der Etablierung des Euro-Regimes im Jahr 1995 ein Vierteljahrhundert lang 6,17 Prozent. Wir müssen also in unserer Rechnung noch die den Deutschen **mit der DM abhanden gekommene Wertsteigerung** berücksichtigen. Die nachstehende Graphik verschafft uns dazu einen ersten Einblick:

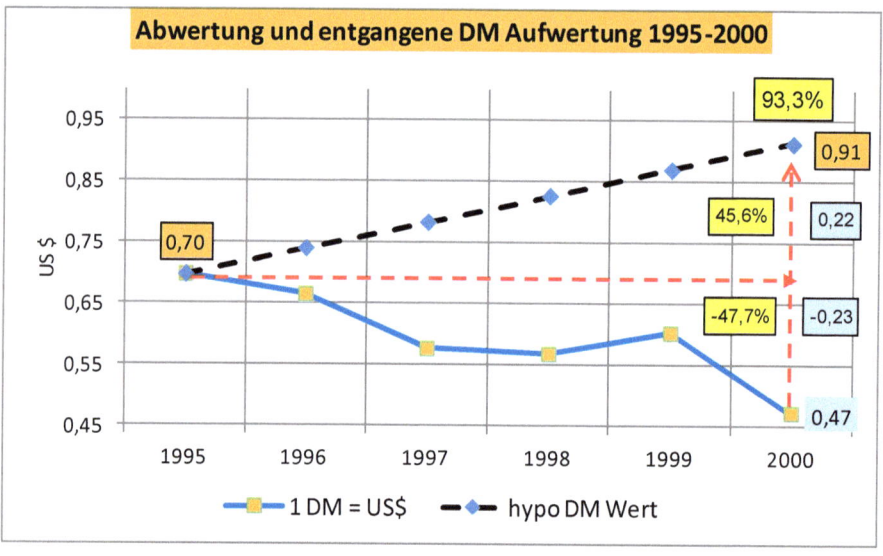

Abbildung 15: Wert der DM von 1995-2000

---

[18] Es spielt hier keine Rolle, ob der effektive Dollar-Preis höher oder niedriger als 1 US Dollar war. An dem Preis von 1 Dollar sind die durch die Abwertung erzeugten Größenverhältnisse leichter ablesbar. Auch Änderungen des Materialpreises (in US Dollar) haben keinerlei Einfluß auf die Rechnung, wie wir oben auf Seite 19 gesehen haben.

Die obere gestrichelte Linie zeigt den Wertanstieg, den die DM genommen hätte. Sie hätte im Jahr 2000 einen Wert von **0,91 US Dollar** erreicht. Im Vergleich zu dem effektiven Wert der an den Euro gebundenen DM in Höhe von **0,47 US Dollar** wäre ihr Wert also um **93,3 Prozent höher**. Die untere Linie, die auch mit dem Wert 0,70 US Dollar im Jahr 1995 beginnt und im Jahr 2000 mit dem Wert 0,47 US Dollar endet, zeigt die Entwicklung des DM Wertes, der um 0,23 US Dollar (= 47,7 Prozent) gefallen ist. Die gestrichelte mittlere Linie zeigt das Niveau und den Wert der DM von 1995, den sie aber wegen ihrer Anbindung an den Euro verlor. Oberhalb dieser Trennlinie wird die Steigerung des DM Wertes angezeigt, wenn die DM ihre Aufwertungsrate der vorangegangen 25 Jahre hätte beibehalten können. Ihr Wert hätte sich um 0,22 US Dollar (= 45,6 Prozent) erhöht[19].

Nun können wir die gesamte Dieselpreissteigerung infolge der (1) Euro-Abwertung und (2) der entgangen DM-Aufwertung ermitteln. Siehe Tabelle 7: Dieselpreissteigerung infolge des Euro. Die zweite Spalte zeigt die Entwicklung des Kurswertes der DM. Ihr Wert war im Jahr 2000 um 0,23 US Dollar niedriger als 1995. Gemessen am Wert von 2000 (mit 0,47 US Dollar je DM) sind das − 47,7 Prozent. In der dritten Spalte stehen die Werte, mit denen sich die DM ohne den Euro hätte weiterentwickeln können (hypoth. Wert). Im Jahr 2000 hätte sie mit 0,91 US Dollar einen um 0,22 US Dollar höheren Wert erreicht, was im Vergleich zum DM Wert im Jahr 2000 in Höhe von 0,47 US Dollar einer Wertsteigerung von 45,6 Prozent entspricht.

---

[19] Hierzu eine kurze Anmerkung. Wer meint, daß die Fortschreibung der Wertsteigerung mit 6,17 Prozent zu hoch gegriffen sei, der möge die Rechnung gerne mit einer niedrigeren Steigerungsrate, z.B. mit 3 oder 4 Prozent machen, er wird dann immer noch auf eine Wertsteigerung kommen, die den Wert von 0,47 US Dollar übersteigt. Eine Verteuerung der Importe in dieser Größenordnung hätte dann immer noch eine empfindliche Einkommensminderung für alle Deutschen zur Folge. Die Rechnungen und Graphiken in dieser Arbeit sollen nicht den Eindruck einer rechenhaften Genauigkeit vorspiegeln, die es in den Wirtschaftswissenschaften ohnehin nicht geben kann, sie haben nur den Zweck, die ökonomischen Zusammenhänge zu veranschaulichen und eine ungefähre Vorstellung der Größenordnung zu geben, wie sich die Importe verteuerten und die Deutschen dadurch ärmer machten.

Jahr	Kurswert 1 DM = US$	hypot. Wert 1 DM = US$	Preis füfr 1 Liter Diesel in DM	in hyp. DM		
1995	0,70	0,70	1,43	1,43		
1996	0,67	0,74	1,50	1,35		
1997	0,58	0,78	1,73	1,28		
1998	0,57	0,83	1,76	1,21	Differenz	
1999	0,60	0,87	1,66	1,15	€-Pr - DM Pr	
2000	0,47	0,91	2,12	1,10	1,02	
δ 1995-2000	-0,23	0,22	0,68	-0,34	1,02	
in % 2000	-47,7%	45,6%	32,3%	-30,9%		

Tabelle 7: Dieselpreissteigerung infolge des Euro

Die Auswirkungen auf den Dieselpreis zeigen die beiden letzten Spalten. Bei dem Kurswert von 1 DM = 0,70 US Dollar und einem Preis von 1 US Dollar pro Liter, hätte 1 Liter Diesel 1,43 DM gekostet (Zeile 1995; vorletzt Spalte). Mit der Verringerung des DM- Wertes (Spalte 2, von 0,70 Dollar auf 0,47 Dollar) wäre der Preis auf 2,12 DM angestiegen.

Ganz anders dagegen die Preisentwicklung, wenn der DM-Kurs von 0,70 auf 0,91 US$ (Spalte 3) angestiegen wäre. Im Jahr 2000 wäre er um 0,34 DM auf 1,10 DM, also um 1,02 DM gesunken (Spalte 5). Der tatsächliche Preis von 2,12 DM lag also **um 93,3 % über dem Preis von 1,10 DM,** den die Deutschen gezahlt hätten, wenn man ihnen den Euro nicht übergestülpt hätte.

Die Preissteigerung für Dieselkraftstoff betrug also im Jahr 2000 nicht nur 47,7 Prozent, wie wir oben auf Seite 46 festgestellt haben, sondern war mit 93,3 Prozent fast doppelt so hoch.

Diese, am Beispiel des Dieselpreises veranschaulichte Preissteigerung, gilt im Prinzip für alle importierten Güter und Leistungen, wenn sie in US Dollar verrechnet werden. Und das ist bei Importen aus Nicht-Euro Ländern in ca. 95 Prozent der Fall. Bei Importen aus Euro-Ländern müßte man eine vergleichbare Rechnung anstellen. Sie verteuerten sich um die weggefallene Abwertung (z. B. des italienischen Lire), die in den meisten Fällen noch größer als die Abwertung des US Dollar war.

Diese Verteuerung aller Importe mußte natürlich bei einer Importquote von 35 – 40 Prozent des Bruttoinlandsproduktes, die Deutschland in dieser Zeit aufwies, zwangsläufig die Einkommen aller Deutschen verringern. Sie hat darüber hinaus den gesamten Wirtschaftsprozeß und die gewachsenen Strukturen durcheinander gerüttelt, was die gestiegenen Arbeitslosenzahlen und der Einbruch der Wachstumsraten nach Einführung des Euro signifikant beweisen.

Ganz anders verlief dagegen anfangs (nach Einführung des Euro) die Einkommens- und Wohlstandsentwicklung jener Euro-Länder, die seit jeher Schwachwährungsländer waren.

9 Der kurze Aufstieg der leistungsschwachen Euro-Länder

Die notorischen Schwachwährungsländer Europas konnten mit dem Euro ihren Wohlstand in kürzester Zeit erheblich steigern. Es war aber ein Aufstieg mit Tücken. Er barg die Ursachen des nachfolgenden Absturzes bereits in sich.

Im Prinzip mußte den die Politik beratenden Ökonomen von Anfang an klar gewesen sein, daß der Euro nur eine Weichwährung werden konnte. Zu viele Länder hatten ihre Währung vor ihrem Betritt regelmäßig abwerten müssen, um wettbewerbsfähig zu bleiben. Die Währung eines Landes spiegelt nämlich ihre volkswirtschaftliche Leistungsfähigkeit wider. Das gilt auch für die Währung eines gemeinsamen Währungsgebietes. Der Außenwert des Euro war bei seiner Einführung für die Mehrzahl der angeschlossenen Volkswirtschafte zu hoch. Für Deutschland war er zu niedrig, was einen Wachstumseinbruch und einen Anstieg der Arbeitslosigkeit zur Folge hatte, wie das die Deutschen nach dem Zweiten Weltkrieg noch nie erlebt hatten. Doch niemand sagte ihnen, daß sie diesen Einbruch dem Euro verdankten. Im Gegenteil, man bleute den Deutschen von Anfang an ein, daß sie die größten Profiteure des Euro seien.

Ganz anders erlebten die ehemaligen Schwachwährungsländer die Umstellung auf den Euro. Er brachte ihnen fast ausnahmslos[20] Wachstums- und Wohlstandsteigerungen, ohne daß dies größerer ökonomischer Anstrengungen bedurft hätte. Sie kauften so billig wie nie zuvor im Ausland ein, sie zahlten mit Schulden, die Kreditzinsen waren so niedrig wie nie zuvor. Und sie merkten nicht, daß sich dank des Euro ihre (ohnehin nicht besondere) Wettbewerbsfähigkeit noch weiter verringerte. Das aber wurde schlagartig mit dem Ausbruch der von den USA angezettelt Weltfinanz- und Weltwirtschaftskrise offenkundig. Den Euro-Profiteuren der "ersten Stunde" drohte urplötzlich die Zahlungsunfähigkeit. Sie, genauer gesagt der Euro, mußte gerettet werden. Die nachstehende Graphik zeigt die ökonomische Entwick-

---

[20] Ausnahme ist Italien.

lung der Krisenländer nach Einführung des Euro im Vergleich zu Deutschland[21]:

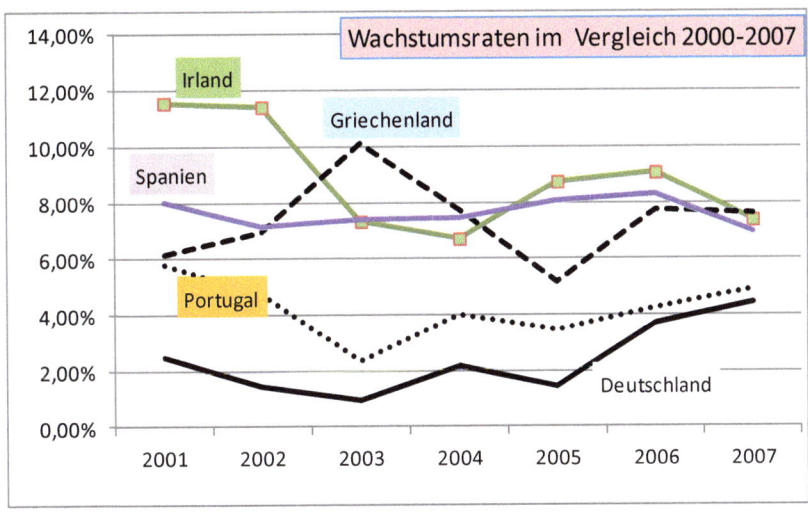

Abbildung 16, Wachstumsraten 2001-2007

2001 war die Wachstumsrate Irlands im Vergleich zu Deutschland fast 6-mal so groß, die Spaniens rund 4 mal und die Griechenlands rund 3-mal so groß. Die nachstehende Tabelle zeigt die durchschnittliche Wachstumsrate der späteren Euro-Krisenländer. Irlands Wachstumsrat war in dieser Zeit im Durchschnitt 3,7-mal größer, die Portugals war immer noch fast doppelt so groß als die Deutschlands.

Euroländer	Ø Wa 01-07	Vgl BRD
Deutschland	2,37%	
Irland	8,86%	3,7
Griechenland	7,35%	3,1
Spanien	7,60%	3,2
Portugal	4,20%	1,8

Tabelle 8, Ø Wachstumsrate 2001-2007

---

[21] Zahlen aus Eurostat, [tec00001] - Bruttoinlandsprodukt zu Marktpreisen.

Der schnelle Reichtum hatte seine Tücken, die bis heute nie genannt wurden. Wer sich die anfängliche Erfolgsgeschichte vor Augen hält, wird sich allerdings nicht mehr wundern, daß die Griechen und die anderen Nutznießer-Länder den Euro gerne behalten wollen. Betrachten sie ihn doch als Ursache ihres schnellen Wohlstands, ohne daß es dazu besonderer zusätzlicher Anstrengungen bedurft hätte. Sie machten sich bis heute keine Gedanken darüber, wie er eigentlich zustande gekommen ist.

Sie profitierten von dem für ihre (bisherigen) Verhältnisse hohen Wert des Euro. Mit ihrer neuen Währung konnten sie jetzt im Ausland viel billiger als zuvor einkaufen. Sie konnten auch mehr einkaufen, als sie verdienten, denn auch die Kredite waren unvergleichbar billiger geworden, weil die Banken und Exportunternehmen das Abwertungsrisiko nicht mehr in ihre Kreditzinsen einkalkulieren mußten. Die Zinsen wurden ohnehin von der EZB auf niedrigstem Niveau gehalten, um die Euro-Wirtschaft in Schwung zu bringen. Man wollte in jedem Fall beweisen, daß der Euro ein Erfolgsmodell ist. Hinzu kamen die EU-Transferzahlungen (Nettozahlungen). Dies alles ließe das Pro-Kopf Einkommen in den ehemaligen Schwachwährungsländern ansteigen. Auch deren Politiker profitierten vom Euro, sie hielten sich nämlich den Beitritt zur die Euro-Union als ihre große Leistung selbst zugute, und redeten dies auch der Bevölkerung, also ihren Wählern ein. Niemand hat bis heute je gefragt, wie der Wirtschaftsaufschwung und Einkommenssteigerung ohne eigene Leistungssteigerung zustande kommen konnte! Für sie war es das Euro-Wunder: Wohlstandssteigerung ohne Leistungs- und Wettbewerbssteigerung!

Der Euro wirkte aber ganz unbemerkt wie ein einschleichendes Gift, das die Volkswirtschaften zunehmend schädigte. Es funktionierte im Prinzip ganz einfach: Alle Wirtschaftssubjekte (Haushalte, Unternehmen, Staat) kauften – mit dem Euro – sogar so billig im Ausland ein, daß sich die Eigenproduktion vieler Produkte nicht mehr lohnte und zum Teil sogar eingestellt wurde. In Griechenland z.B. wurden selbst die Eigenproduktion typisch südeuropäische landwirtschaftliche Produkte aufgegeben[22]. Das aber bedeutete, daß

---

[22] Seit Einführung des Euros stieg die Abhängigkeit Griechenlands von Getreide-, Kartoffel-, Milch- und Fleischimporten, die meistens aus Westeuropa stammen. Derzeit werden in Grie-

man importabhängig wurde. Scheinbar unbemerkt setzte eine Umstrukturierung. Anders gesagt: der Euro löste eine schleichende Strukturreform aus. Er setzte damit Arbeitskräfte frei, die nicht unmittelbar in anderen Branchen beschäftigt werden konnten. Zwangsläufig mußte deshalb die Arbeitslosigkeit steigen. Auf der anderen Seite verteuerten sich gleichzeitig die Güter und Leistungen, die man bisher exportiert hatte (Tourismus z.B.). Der Euro und die Transferzahlungen hatten die Leistungsfähigkeit (Wettbewerbsfähigkeit) der griechischen Wirtschaft geschwächt.

Als mit dem Ausbruch der Finanz- und Wirtschaftskrise (2007) nicht nur die Überschuldung, sondern auch die durch den Euro verursachte Stagnation der ökonomischen Leistungs- und Wettbewerbsfähigkeit zutage kam, war guter Rat teuer. Alle Alternativen kamen für die im „Euro-Glauben" dogmatisierten Europapolitiker in Frage, nur eine nicht: das Ausscheiden dieser Länder aus dem Euro. Es wäre der Beweis, daß der Euro als Vehikel für ein Europa, wie sie es sich vorstellen, gescheitert wäre. Am Ende würde ein Euro-Austritt gar beweisen, daß das ausscheidende Land mit eigner Währung diese Krise ganz schnell überwinden könnte, womit auch der Euro als Ursache der Krise entlarvt wäre. Auch oder gerade im Falle Griechenlands wäre das durchaus denkbar. Die oberste Devise hieß ab jetzt: Der Euro müsse gerettet werden, koste es was es wolle. Wie war dabei vorzugehen?

Zuerst mußte die Zahlungsunfähigkeit der vor dem Bankrott stehenden Euro-Staaten verhindert werden. Der drohte das europäische Bankensystem in den Strudel mit hinein zu ziehen. Also mußten die übrigen Euro-, aber auch EU-Staaten und der IWF das Geld vorschießen, um die Finanzindustrie zu retten. Die notwendigen Rettungsprogramme (ESM, EFSM und EFSF) wurden in kürzester Zeit aus dem Boden gestampft, um die Zahlungsunfähigkeit abzuwenden. Zusätzlich sollte noch sichergestellt werden, daß den anstelle der Banken eingesprungenen Bürgern der Euro- und EU-Staaten ihre Darlehen wieder erstattet würden. Das sollten die Sparauflagen, die den Schuldenländern verordnet wurden, garantieren. Die zusätzlich verordneten Reformauflagen sollten auch noch die Wettbewerbsfähigkeit der Krisenländer erzwin

---

chenland etwa nur 13 Prozent des Rind- und 63 Prozent des verzehrten Schweinefleischs erzeugt. (FAZ vom 08.07.2015, Seite 17.

gen. Die Einsicht, daß es gerade der Euro war, der die Leistungs- und Wettbewerbsfähigkeit dieser Volkswirtschaften untergraben hatte, scheint den Euro-Dogmatikern aus Politik und Wissenschaft bis heute verborgen geblieben zu sein.

10 Der Absturz der Krisenländer und die Rolle der Ökonomen

Der wirtschaftliche Einbruch der Euro-Krisenländer war die zwangsläufige Folge des – für die Schwachwährungsländer – viel zu hohen Euro-Wertes. Die Euro-Rettungspolitik mit ihren Spar- und Reformauflagen beschleunigte und vertiefte diesen Absturz.

Die Geschichte des Euro ist gleichzeitig auch eine sehr traurige Geschichte einer Wissenschaft, die in Deutschland einmal Nationalökonomie hieß. Sie hat nicht nur ihren Namen, sondern auch ihr Selbstverständnis grundlegend gewendet. Ihre akademischen Vertreter haben sich – bis auf wenige Ausnahmen – dem **Primat der Politik unterworfen**, was auch ihrer Karriere durchaus förderlich ist. Ihre geschmeidigen Anpassungen an die politischen Wertvorgaben flutschen um so perfekter, je stärker ihr Geschichts- und Weltbild durch die Selektionen und Manipulationen der modernen Zeitgeschichte geprägt wurde. Der Euro ist „ein Kind der Politik". Sie hat ihn zum Dogma erhoben, an das die Menschen glauben sollen. Eine Wissenschaft aber, die ein politisches Dogma als unabdingbaren Glaubenssatz (Axiom) akzeptiert, ist keine Wissenschaft mehr! Die wirtschaftliche Entwicklung Griechenlands unter dem Euro-Regime dokumentiert den Niedergang der Nationalökonomie beispielhaft:

Griechenland geriet als erstes Euro-Land in Zahlungsnöte. Als sich die maßgebenden Euro-Politiker geeinigt hatten, die Schulden Griechenlands zu übernehmen, um den Konkurs und ein Ausscheiden Griechenlands aus dem Euro zu vermeiden, war der Rat der Ökonomen gefragt. Und ihr Rat war eindeutig: **Sparen und Reformen zur Steigerung der Wettbewerbsfähigkeit**, wie wir bereits festgestellt haben. Dieses Grundmuster wurde dann auch im Falle Irlands, Portugals und Spaniens angewendet. Ihm liegt der einfache Gedanke zugrunde: wer weniger ausgibt als er einnimmt, dem bleibt mehr, um damit die hohen Schulden abtragen zu können. So einfach diese Lösung auf den Ersten Blick auch erscheinen mag, so richtig sie im

Falle eines einzelnen Haushaltes oder einer Unternehmung auch ist, so falsch ist sie für eine ganze Volkswirtschaft. Warum das so ist, kann jeder leicht verstehen:

Die Ausgaben des Staates sind nämlich bei den Zahlungsempfängern Einkommen. Und wenn sich die Einkommen im Inland verringern, weil der Staat weniger ausgibt, dann können diese Zahlungsempfänger (Beamte, Angestellte, Unternehmen) selbst weniger ausgeben. Auf diese Art und Weise kommt eine Lawine von Einkommensminderungen ins Rollen, an deren Ende die Summe aller Einkommensminderungen ein Mehrfaches größer ist als die ursprüngliche Ausgabenminderung (Einsparung). Die Lawine ist in der Nationalökonomie unter dem Namen „Multiplikator" seit Anfang der 1930iger Jahre bekannt, als Wilhelm Lautenbach (ein Beamter der Deutschen Reichsbank) dem damaligen Reichskanzler Adolf Hitler den Rat gab, die Arbeitslosigkeit mit zusätzlichen Schulden zu überwinden. Dies löste damals einen positiven Multiplikator-Effekt aus, an dessen Ende die Einkommenssteigerungen ein Mehrfaches der ursprünglichen Schuldenaufnahme betrugen und die Arbeitslosigkeit in Deutschland in kürzester Zeit beendeten.

Im Falle Griechenlands und der anderen von Zahlungsunfähigkeit bedrohten Staaten, denen man die Auflage machte, die Ausgaben zu senken, mußte dieser Effekt natürlich negativ sein und eine Einkommensminderung mit steigenden Arbeitslosenzahlen zur Folge haben. Es gab nur wenige Ökonomen, unter ihnen Hans-Werner Sinn, die auf der Grundlage dieser Erkenntnis das zwangsläufige Scheitern der „Rettungsmission Griechenland" vorhersagten. Die Welt und die Deutschen wollten das nicht hören, ein Übriges taten die Medien, die diesen Aspekt des Problems einfach versickern ließen. Doch es kam genau das, was kommen mußte: Die Euro-Rettungspolitik ließ die Krisenländer noch weiter abstürzen, als sie durch die Finanzkrise bereits abgestürzt waren.

10.1 Absturz des BIP und des Volkseinkommens

Keines der Euro-Krisenländer hatte bis Jahresende 2014 das Einkommensniveau des Jahres 2007 wieder erreicht[23].

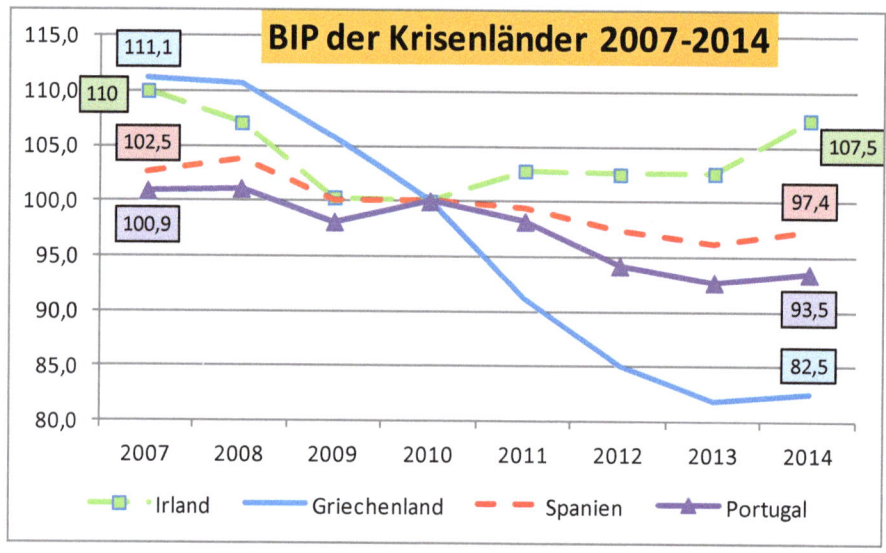

Abbildung 17: Absturz der Krisenländer 2007-2014,

Die Graphik zeigt, um wieviel Prozent das BIP der vier vor dem Konkurs „geretteten" Euro-Länder in den 7 Jahren von 2007 – 2014 eingebrochen ist. Keines der Länder hatte bis zum Jahr 2014 das BIP des Jahres 2007 wieder erreicht. Um wieviel Prozent das BIP des Jahres 2014 unter dem des Jahres 2007 lag, geht aus nachstehender Tabelle hervor.

---

[23] Zahlen aus Eurostat: Indiziertes BIP zu Marktpreisen 2010, BIP und Hauptkomponenten - Volumen [nama_gdp_k].

Krisenländer	BIP zu Preisen 2010			Veränderung in %	
Land	2007	2010	2014	2007-2014	2010-2014
Irland	110,0	100,0	107,5	-2,3%	7,5%
Griechenland	111,1	100,0	82,5	-34,7%	-17,5%
Spanien	102,5	100,0	97,4	-5,2%	-2,6%
Portugal	100,9	100,0	93,5	-7,9%	-6,5%

Tabelle 9: Absturz der Krisenländer 2007-2014,

Den tiefsten Absturz erlitt Griechenland, es hatte zuvor auch am meisten vom Euro und den EU-Nettozahlungen profitiert. Und das Land und die Bevölkerung tun sich aufgrund ihrer geschichtlichen und wirtschaftsge-schichtlichen Entwicklung besonders schwer bei der Umsetzung von Refor-men. Das griechische BIP ist um 34,7 Prozent gesunken. Die Euro-Retter weisen jegliche Kritik an ihrer Austeritätspolitik (Ausgabensenkung und Reformen) zur Wiederherstellung der Zahlungsfähigkeit mit dem Hinweis zurück, daß die Iren bewiesen hätten, wie erfolgreich diese Vorgehensweise sein könne. Sie Vergleichen dazu das irische BIP des Jahres 2010 mit dem des Jahres 2014 (letzte Spalte der Tabelle). Den tiefen Absturz, den Irland gemeinsam mit Griechenland von 2007 bis 2010 annähernd parallel erlebt hat, lassen sie unerwähnt, ebenso die Tatsache, daß die Iren von einem **we-sentlich niedrigeren Verschuldungsniveau** ausgegangen sind. Unerwähnt bleibt auch die Tatsache, daß die irische Wirtschaft erst in den letzten Jahr-zehnten gewachsen war, und somit eine sehr junge und moderne Wirtschaft war, der im Prinzip nur wenig Reformauflagen gemacht werden mußten. Wir werden gleich noch auf diesen unqualifizierten Vergleich zur Rechtfertigung der Euro-Rettungspolitik genauer eingehen.

10.2 Arbeitslosigkeit und Arbeitslosenquote brechen alle Rekorde

Noch katastrophaler als der Absturz des griechischen Volkseinkommens waren die Folgen der Spar- und Reformauflagen für die Beschäftigung

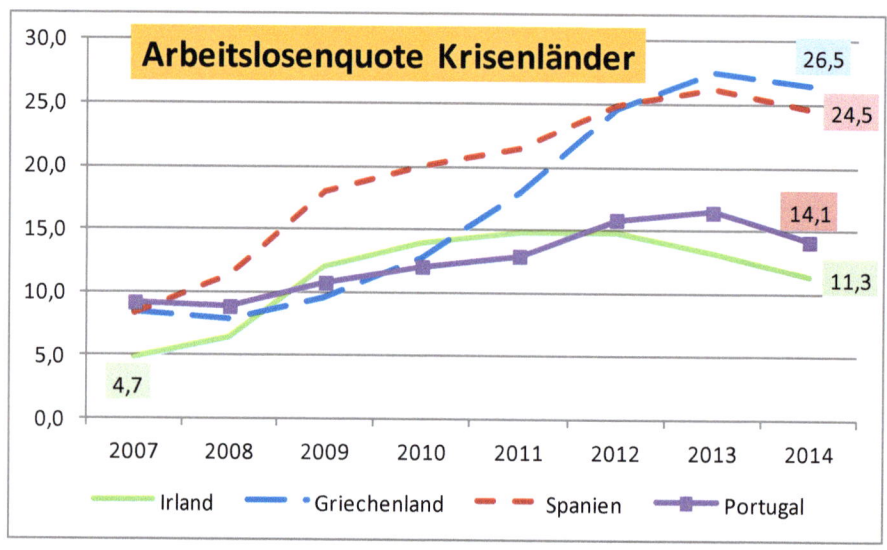

Abbildung 18: Arbeitslosenquote der Krisenländer

Die Graphik zeigt die Entwicklung der Arbeitslosigkeit in den Krisenländern: In Griechenland stieg sie bis Ende 2014 auf 26,5 Prozent, in Spanien auf 24,5 Prozent. Die Jugendarbeitslosigkeit hat in beiden Ländern sogar die 50 Prozent-Marke überschritten. Der Anstieg der Arbeitslosigkeit wird noch deutlicher, wenn man die prozentuale Veränderung ermittelt, wie die nachstehende Tabelle zeigt:

ArbloQuote	2007	2014	Änderung
Irland	4,7	11,3	140,4%
Griechenland	8,4	26,5	215,5%
Spanien	8,2	24,5	198,8%
Portugal	9,1	14,1	54,9%
England	5,3	6,1	15,1%

Tabelle 10: Arbeitslosenquote 2007 - 2014

In Spanien und Griechenland hat sich die Arbeitslosigkeit verdreifacht. In Irland ist sie zwar seit 2011 von 15 auf 11,3 Prozent gesunken, war aber damit immer noch 2,4-mal so hoch wie 2007

Trotzdem wird Irland von den notorischen Euro-Rettern und den Medien als Musterland für eine gelungene Rettung bezeichnet, ein Land, das sieben Jahre nach Ausbruch der Finanz- und Wirtschaftskrise immer noch eine mehr als doppelt so hohe Arbeitslosigkeit als vor Ausbruch der Krise hat! Vergleichen wir die irischen Werte mit der Entwicklung der Arbeitslosigkeit in England (letzte Zeile der Tabelle), die beide im Ausgangsjahr 2007 ein annähernd gleiches Niveau hatten, so wird deutlich, welches Ausmaß an Schäden (1) der Euro und (2) seine Rettung den Iren zugefügt hat. Der englischen Wirtschaftspolitik wurden weder Spar- noch Reformauflagen gemacht, sie konnte, als die Wirtschaft abzustürzen drohte, sowohl die Staatsausgaben als auch die Geldmenge erhöhen. Beziehen wir jetzt noch die Entwicklung der Staatsschulden in unsere Analyse mit ein:

10.3 Die Entwicklung der Staatsschulden und des BIP

δ Schulden	Mio Euro		Änderung	Erhöhung
Land	2007	2014	in %	um
Irland	47.148	203.319	331,2%	4,3
Griechenland	239.991	467.094	94,6%	1,9
Spanien	383.798	1.033.857	169,4%	2,7
Portugal	120.089	225.280	87,6%	1,9
England	881.150	2.055.286	133,3%	2,3

Tabelle 11, Entwicklung der Staatschulden

Irlands Schulden sind um 332 Prozent gestiegen, das ist das 4,3-fache des Wertes im Jahr 2007. Griechenlands Schulden[24] haben sich nahezu verdoppelt. Spaniens Schulden stiegen um das 2,7-fache, Portugals Schulden stiegen um das 1,9-fache. Interessant ist, daß Irland mit einer Vervierfachung des Schuldenanstiegs die Krise noch am besten gemeistert hat, während

---

[24] In der „amtlichen Statistik von Eurostat wurde der Schuldenschnitt Griechenlands von insgesamt 150 Mrd. Euro abgezogen (was wir nicht getan haben). Der Abzug mag rechtlich gesehen angebracht sein, denn die Schulden sind ja weggefallen. Volkswirtschaftlich gesehen wäre das aber eine Verfälschung der realen ökonomischen Entwicklung, weshalb der Abzug unterbleiben muß.

Griechenland mit einer knappen Verdoppelung noch tiefer in die Krise gerutscht ist. Offensichtlich spielt das Ausgangsniveau, das bei Irland mit 47.148 Mio. Euro nur 1/5 der griechischen Schulden im Jahr 2007 ausmacht, eine wichtige Rolle. Trotzdem konnte Irland die Arbeitslosigkeit nur unwesentlich auf 11.5 Prozent verringern wie Tabelle 10: Arbeitslosenquote 2007 - 2014 zeigt. Ganz anders dagegen verlief die Entwicklung in England. Die Staatsschulden stiegen im Vergleich zu Irland nur um das 2,3-fache, doch die Arbeitslosenquote sank erheblich tiefer (bei vergleichbarem Ausgangsniveau) auf 6,1 Prozent. Vergleichen wir nun noch den Schuldenanstieg mit der Entwicklung des BIP:

Land	2007	2014	δ in %
Irland	196.749	185.412	-5,8%
Griechenland	232.831	179.081	-23,1%
Spanien	1.080.807	1.058.469	-2,1%
Portugal	175.468	173.044	-1,4%
England	2.164.065	2.222.912	2,7%

Tabelle 12, Entwicklung des realen BIP

Die Tabelle zeigt die Entwicklung des realen BIP zu Preisen von 2010[25]. Irland und Spanien, weisen eine weit höhere Schuldensteigerung als England auf und trotzdem lag ihr BIP noch unter dem Niveau des Jahres 2007, ganz zu schweigen von der Entwicklung des BIP

Griechenlands. Dessen Schuldenanstieg betrug im Vergleich zu England nur 94,6 Prozent und konnte schon deshalb nicht einen mit England vergleichbaren expansiven Effekt erzielen. Ausschlaggebend für den Einbruch des griechischen BIP dürften allerdings die Spar- und Reformauflagen gewesen sein, die einen negativen Multiplikator-Prozeß auslösen mußten, wie wir oben auf Seite 55 ausgeführt haben.

In den Medien wird häufig die Entwicklung der Staatsschulden im Vergleich zur Entwicklung des BIP dargestellt. Wenn die Staatsschulden im Vergleich

---

[25] Zahlen aus Eurostat: BIP und Hauptkomponenten (Produktionswert, Ausgaben und Einkommen) [nama_10_gdp].

zum BIP zunehmen, will man daraus eine Verringerung der Zahlungsfähigkeit (Schuldentragfähigkeit) ablesen. Eine vergleichbare Graphik darf deshalb auch in unserer Analyse nicht fehlen, sie soll aber hier noch einen zweiten Zweck erfüllen. Wir wollen anhand der Entwicklung die Behauptung der notorischen Euro-Retter überprüfen, daß die Entwicklung er irischen Volkswirtschaft den Beweis erbringe, daß die Euro-Rettungspolitik erfolgreich sein könne.

10.4 Die Entwicklung der irischen Staatsschulden im Verhältnis zum BIP

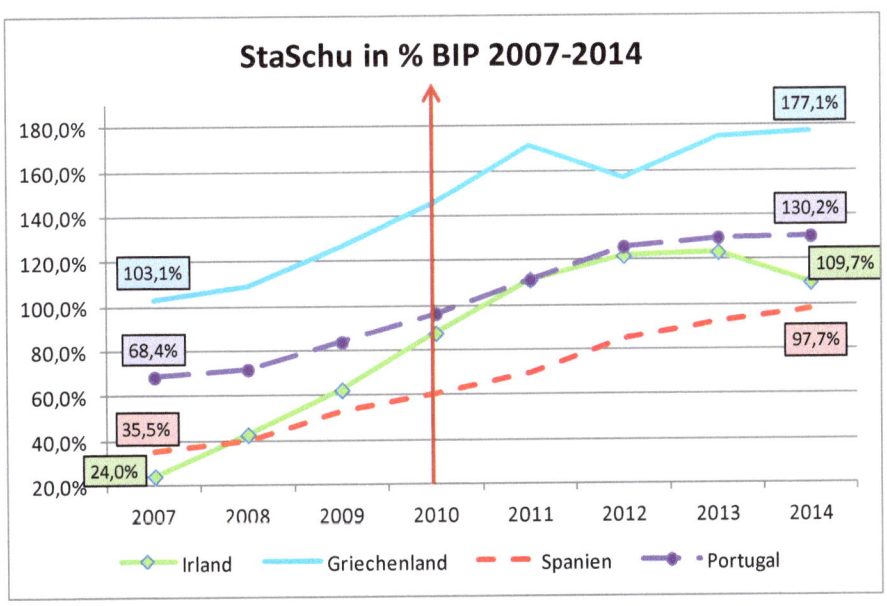

Abbildung 19: Staatsschulden im Verhältnis zum BIP 2007-2014

Die Graphik zeigt, daß in allen Euro-Krisenländern die Staatsschulden seit 2007 schneller gestiegen sind als das BIP. Dies gilt auch für die Zeit nach 2010, als diese Länder mit den sog. Rettungspaketen vor dem Konkurs gerettet werden mußten. Diese Rettungspakete führten dazu, daß nahezu alle Schulden der internationalen Finanzindustrie von den Steuerzahlern der Euro-Staaten übernommen wurden. Einen kleinen Teil übernahmen der IWF und die restlichen EU-Staaten. Sie alle müssen nun hoffen, daß sie ihre Steuergelder wieder erstattet bekommen. Das einzige Land, das seit Beginn der Rettungsaktionen (Schuldenübernahme) seinen Schuldenberg im Jahr 2014 zum ersten Mal geringfügig abbauen konnte, war Irland. Der Schuldenanteil – gemessen am BIP – sank 2014 von 123 auf 109,7 Prozent. Das war für die Euro-Retter ein Beweis, daß ihre Austeritätspolitik erfolgreich sein könne, weil Irland auf den Wachstumspfad zurück gekommen sei und seine Schulden damit zurückzahlen könne.

Hierzu ist festzustellen, daß Irland 2014 zum ersten Mal seit 2008 (also nach 6 Jahren) in die Lage versetzt wurde, einen kleinen Teil seines seit 2007 angehäuften Schuldenberges zurück zu zahlen. Nur unter der Voraussetzung, daß Irland eine Entwicklung in vergleichbarer Größenordnung (6,1 Prozent nominales Wachstum) fortsetzen könnte, was auch abhängig von der Entwicklung der Weltwirtschaft ist, wird es trotzdem viele Jahre dauern, bis das Land wieder das Schuldniveau vor Ausbruch der Krise erreicht hat. Eine ungefähre Vorstellung von der Dauer des Schuldenabbaus verschafft die nachfolgende Graphik:

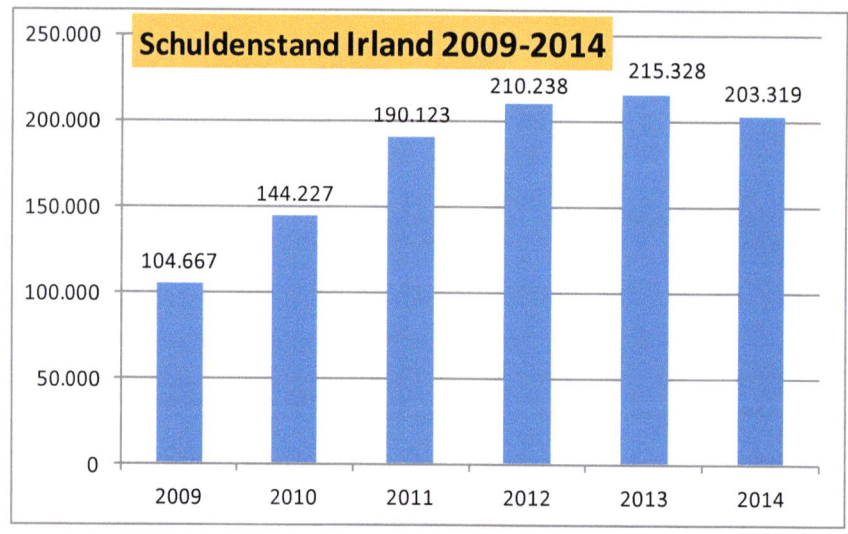

Abbildung 20: der Schuldenstand Irlands 2014

Im Jahr 2014 betrug die Summe der Schulden 203.319 Mio. Euro. Von den Schulden im Vorjahr in Höhe von 215.328 Mio. Euro wurden gerade einmal 12.208 Mio. das sind 5,1 Prozent, abgebaut. Man wird Irland auch als den

Sonderfall bezeichnen müssen, weil seine Entwicklung auch auf den völligen Neuaufbau moderner Industrie- und Handelsstrukturen zurückzuführen ist, weshalb dem Land keine großartigen Reformen, wie den Griechen aufgezwungen werden mußten. Hinzu kam noch, daß es mittels attraktiver Steuermodelle gelungen war, internationale Investoren anzulocken, die diese Modernisierung finanzierten.

11 Die Euro-Länder wurden Schlußlicht der wirtschaftlichen Entwicklung

Weit bedeutender als der Sonderfall Irland ist aber ein anderer Aspekt: Der Durchschnitt aller Euro-Länder, also nicht nur jene, die vor dem Bankrott gerettet werden mußten, hatte im Jahr 2014 noch immer nicht das BIP des Jahres 2008 erreicht. Der Euro hat alle Mitgliedsländer nachhaltig geschädigt. Die nachstehende Graphik vermittelt einen Eindruck vom Ausmaß dieser anhaltenden Schädigung:

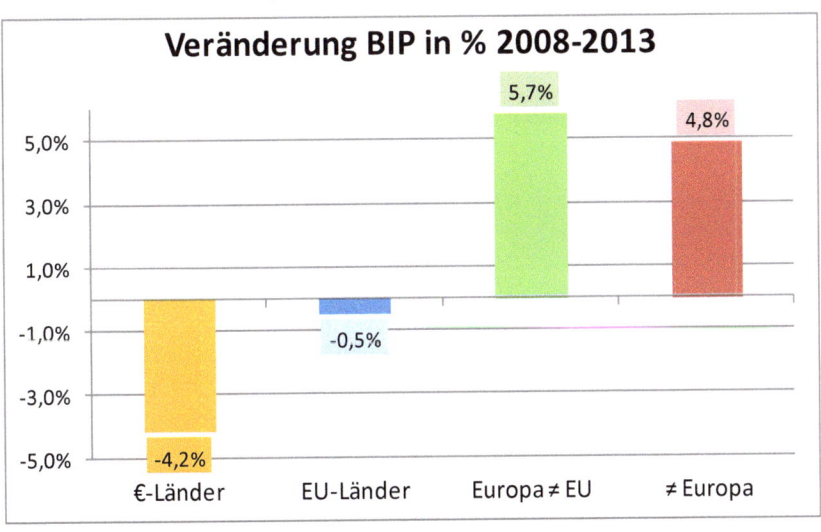

Abbildung 21: der Absturz der Euro-Länder 2008-2013

Die Graphik zeigt die Aufbereitung der Zahlen des Statistik Amtes Eurostat[26]. Das BIP der Euro-Länder lag im Jahr 2013 im Durchschnitt noch um 4,2 Prozent unter dem BIP des Jahres 2008. Im Vergleich dazu lagen die anderen EU-Länder Europas nur noch 0,5 Prozent darunter. Die Nicht EU-Länder in Europa hatten sogar ein um 5,7 Prozent höheres BIP erreicht. Das BIP der bedeutendsten Staaten außerhalb Europas, die in der Eurostat-Statistik aufgelistet waren, lag um 4,8 Prozent über dem des Jahres 2008. Das ist die Wirklichkeit des Euro, über die uns die Medien nicht informieren.

Nach sieben Jahren haben es die Euro-Staaten noch immer nicht geschafft, das Niveau des BIP des Jahres 2008 wieder zu erreichen, während der Rest der industriellen Welt –bis auf die EU-Länder – das BIP von 2008 schon längst wieder überschritten hat. Zwischen den Euro-Ländern und den Nicht EU-Ländern Europas hat sich die materielle Wohlstandsdifferenz in diesen Jahren um 9,9 % verschlechtert. Eigentlich müßte man deshalb die Frage stellen, ob die Euro-Länder diesen Rückstand je werden aufholen können? Dabei hatten die Euro-Politiker versprochen, daß der Euro alle Mitgliedsländer reicher machen werde, gerade wegen der gemeinsamen Währung.

Nüchtern muß man feststellen, daß das Gegenteil ist der Fall ist.

---

[26] BIP und Hauptkomponenten - Volumen [nama_gdp_k], Bruttoinlandsprodukt zu Marktpreisen real - in Preisen von 2005, veröffentlicht am 23.05.14.

12 Resümee

12.1 Fakten, die Anlaß zum Denken geben? Ein Resümee.

Wer diese Abhandlung mit Bedacht gelesen hat, wird erstaunt sein, wie viele Fakten und ökonomische Zusammenhänge ihm bisher unbekannt waren. Und das, obwohl uns die Medien täglich mit ihrer Informationsflut förmlich überschütten, die allein schon wegen ihrer schieren Fülle den Eindruck entstehen lassen muß, daß wir objektiv informiert sind.

Die politischen und medialen Eliten wollen unter keinen Umständen eingestehen, daß ihr wie ein Götzenbild verherrlichtes Objekt „Euro" gescheitert ist. Und schon gleich gar nicht, daß dies eigentlich vorhersehbar war. Je länger das ökonomische Scheitern geleugnet wird, desto offenkundiger und größer werden aber die politischen Gegensätze zwischen den europäischen Staaten, weil die einen immer tiefer in die Kasse greifen müssen, um den Lebensstandard der anderen zu finanzieren. Letztere waren zu Beginn die wirklichen Nutznießer des Euro. An den anfänglichen Wohlstand, der ihnen ohne eigenes Zutun förmlich in den Schoß gefallen war, hatten sie sich mit der gleichen Selbstverständlichkeit gewöhnt, mit der sie jetzt die solidarischen Hilfeleistungen der sog. Euro-Partner einfordern. Die Politiker dieser Länder leben in der gleichen Illusion wie das politische Establishment der deutschen Konsensparteien:

Da war zuerst die Illusion, daß der Euro so stark werden würde wie die DM. Das versprachen die deutschen Euro-Dogmatiker. Das erhofften sich auch die „befreundeten" Nachbarn, die sich eine ebenso starke Wirtschaft wünschten, wie sie die Deutschen nach dem Zweiten Weltkrieg (wieder) aufgebaut hatten. Doch wenn man einer schwachen Volkswirtschaft eine starke Währung „überstülpt", tut man ihr nichts Gutes. Nur in den Anfangsjahren profitierten die tradierten Schwachwährungsländer, weil sie sich auf einmal mehr leisten (kaufen) konnten als sie selbst an Produkten und Leistungen erstellten.

Aber auch die Deutschen schädigte der Euro. Sie hatten ihre starke DM gegen einen schwachen Euro eingetauscht und stürzten deshalb in ihre schwerste Wirtschaftskrise der Nachkriegszeit mit einer bis dahin höchsten Arbeitslosigkeit, Stagnation der Einkommen und ansteigenden Armutsquoten.

Gleichzeitig erlaubte der schwache Euro dem internationalen Finanzkapital, sich die Filetstücke deutschen Produktivvermögens zu Spottpreisen anzueignen. Ihre relative Verarmung registrierten die Deutschen zwar, aber über die Ursache – den Euro – informierte man sie wohlweislich nicht. Daß mit der Eigentumsübernahme auch die Gewinne der rentabelsten deutschen Unternehmen, insbesondere der deutschen Exportindustrie, den ausländischen Eigentümern zuflossen, wurde ihnen bewußt verschwiegen. Man redete ihnen ein, daß die Aufkäufe ein Beweis der Produktivität der deutschen Wirtschaft seien, ähnlich wie man ihnen im Fall der Exportüberschüsse weis gemacht hatte, daß man auch auf sie stolz sein könne, wo doch die deutschen Produkte wegen ihrer Qualität in der ganzen Welt so begehrt seien. Daß man auch sie zum halben Preis (Euro-Preis im Vergleich zum DM-Preis) abgab und mit dem Gegenwert im Ausland weniger einkaufen und vor allem keine Rendite-Objekte zur Sicherung von Einkommen aus dem Ausland erwerben konnte – wie das die Aufkäufer deutscher Unternehmen taten – sagte ihnen auch niemand. Ganz zu schweigen von den Exporten auf der Basis von Krediten, die später nicht bezahlt wurden.

Das alles hat die deutsche Wirtschaft zwar erheblich geschwächt, aber den Fleiß der Deutschen, ihre Leistungsbereitschaft und ihren Leistungswillen nicht brechen können. Oder muß man sagen: „noch nicht brechen können"? Die Art und Weise, wie sie die aus den USA „importierte Finanz- und Wirtschaftskrise" als erstes Euro-Land überwunden haben, beweist dies. Auch deswegen werden sie (wieder einmal) beneidet.

Ganz anders dagegen die Euro-Krisenländer und die Mehrzahl der übrigen Euro-Länder. Die Finanzkrise 2008 brachte zutage, daß der schnelle Reichtum seine Tücken hatte. Nicht nur, weil sie ihn durch übermäßige Schulden finanziert hatten, sondern weil der Euro die eigentliche Ursache war, der ihre ohnehin schwache Produktivität klammheimlich noch weiter verschlechterte. Er ermöglichte diesen Ländern den billigen Import (auch aus den anderen Euro-Ländern) und lähmte damit die Innovationskräfte der eigenen Wirtschaft. Hinzu kamen noch die EU-Transferzahlungen. Sie machten eigene Anstrengungen in den Empfänger-Ländern unnötig, versetzten sie in eine Situation, die mit einem Arbeitslosen vergleichbar ist, dessen staatliche Unterhaltszahlungen ihn davon abhalten, ein eigenes Einkommen zu erzielen. Das sind die Wirkungskräfte, die von Medien und Politik – mit wenigen Ausnahmen –ignoriert und bewußt verschwiegen wurden.

Eine ganz große Ausnahme ist ein Artikel von Rainer Hermann in der FAZ vom 20.07. 2015. Er schrieb doch tatsächlich: *„Nach dem Beitritt (Griechenlands) zu der EG im Jahr 1981 hatte eine Deindustrialisierung eingesetzt, mit dem Eintritt in die Währungsunion erreichte die Globalisierung Griechenland.* ***In beiden Prozessen zerstörte der Strukturwandel mehr Arbeitsplätze, als er schuf.*** *Griechenland nutzte die reichlich fließenden Gelder aus Brüssel nicht, um Grundlagen für eine produktive Wirtschaft zu legen*[27]. Soweit sein Bericht zu den Fakten. Zwar nennt er die (1)**Transferzahlungen** der EU und (2) den **Eintritt in die Währungsunion**, die im Zusammenhang mit der Globalisierung den notwendigen Strukturwandel verhindert haben, **aber den Euro als solchen getraut er sich nicht zu nennen!**

Er verweigert sich damit der offenkundigen Einsicht, daß die Transferzahlungen und der Euro selbst es waren, die jene Reformen verhindert haben, die man den Griechen jetzt per Dekret aufoktroyiert. Das käme nämlich dem Eingeständnis gleich, daß **sowohl der EU als auch dem Euro der Systemfehler** immanent ist, der diese **Fehlentwicklungen erzeugt hat**. Zu stark ist der Konsens zwischen den medialen und politischen Eliten. Sie stellen die Wertigkeit politisch-ideologischer Grundsatzentscheidungen über die Fakten der Lebenswirklichkeit. Man kann das auch als konzertierte Lüge bezeichnen.

12.2 Ausblick

Damit sind wir auch wieder zum Ausgangspunkt dieser Abhandlung zurückgekehrt. Es war der Artikel „Deutschland verschenkt Wohlstand" des FAZ-Herausgebers Holger Steltzner, der die Tür zur Wahrheit einen Spalt öffnete, aber nicht ganz. Von „Wohlstand verschenken", wie er behauptete, kann überhaupt nicht die Rede sein. Die Wahrheit ist, daß sich ausländische Finanzinvestoren das Produktivvermögen der Deutschen und damit deren Wohlstand mit Hilfe des Euro aneignen konnten! Ohne den Euro wäre das unmöglich gewesen!

---

[27] F.A.Z., Montag den 20.07.2015, Seite 1.

Diese Tatsache festzustellen, käme einem Sakrileg gleich, beweist sie doch, daß der Euro nicht die Deutschen, sondern ausländische Kapitaleigentümer und deren Volkswirtschaften reicher gemacht hat. Wir haben darüber hinaus gesehen, daß er auch die gesamte deutsche Volkswirtschaft ins Stocken und Abrutschen brachte und die Deutschen auf direktem Weg ärmer und arbeitslos machte. Die Fakten sind in die Statistiken eingegangen, sie können deshalb nicht geleugnet werden. Medien, Politik und auch die Riege der im Kopf gewendeten Wirtschaftswissenschaftler haben aber diese Ursache vernebelt. Es war der Euro und seine Abwertung. Er hat die deutsche Wirtschaft geschwächt und das war auch beabsichtigt.

Der Euro hätte ohne Mitwirkung der deutschen Politiker nie eingeführt werden können. Lassen wir dazu einen mitverantwortlichen Zeitzeugen zu Worte kommen: Jean Claude Juncker, seit 2014 Präsident der EU-Kommission, sagte anläßlich des 75. Geburtstags von Helmut Kohl: „ *Es gäbe den Euro nicht, wenn es Helmut Kohl in dem Moment nicht gegeben hätte* "[28]. Heute wird der Euro von allen im Bundestag vertretenen Parteien getragen, weshalb man sie mit Fug und Recht „Konsensparteien" nennen muß. Und der Euro hatte auch den Zweck, die deutsche Wirtschaft zu schwächen, wie der eben zitierte dienstbare Zeithistoriker auch freimütig einräumt: Kohl hatte nämlich im Dezember 1989 dem Drängen des französischen Staatspräsidenten Francois Mitterand nachgegeben, eine gemeinsame Währung – den Euro – einzuführen, weil er *„befürchtete, daß einem wiedervereinigten Deutschland die Hegemonie über Europa zufallen würde[29]* ". Hegemonie Deutschlands in Europa? Eine unerträgliche Vorstellung, wo man diese gerade in zwei Weltkriegen mit den anderen europäischen Großmächten verhindert hatte, was nur gelang, weil man beide Male die USA „mit ins Boot" holen konnte. Deren Hegemonie (über die ganze Welt) nahm man dafür gerne in Kauf und man ist auch bereit, die dafür fälligen Vasallen-Dienste bis heute abzuleisten.

---

[28] Essay von Heinrich August Winkler, emeritierter Historiker für Zeitgeschichte an der Humboldt-Universität Berlin, in „Der Spiegel, Nr. 32. vom 01.08.2016, Seite 116.

[29] Ebenda.

Doch Mitterrand und seine politischen Ratgeber und Initiatoren waren einem gewaltigen Irrtum aufgesessen. Es war eine Illusion und ein dümmlicher Aberglaube, daß man mit der DM den Deutschen auch die Leistungsfähigkeit abnehmen und für eigene Zwecke verwenden könne. Schon vor dem Euro hatte man einen ersten Anschlag auf ein Wiedererstarken Deutschlands verübt. Als die Wiedervereinigung nicht mehr aufzuhalten war, hatte man der deutschen Politik zur Auflage gemacht, daß sie das in der DDR schlummernde ökonomische Entwicklungspotential dem Zugriff des westlichen Kapitals öffnen müsse. Der Anschlag hatte nachhaltige Folgen, die bis heute nicht überwunden werden konnten. Die DDR-Wirtschaft wurde nicht in gemeinsamer Anstrengung der Deutschen wieder aufgebaut, vergleichbar dem Wiederaufbau der westdeutschen Wirtschaft in den ersten Nachkriegsjahren, sondern vom westdeutschen Kapital und dem nach Rendite gierenden Kapital der „befreundeten" westlichen Länder unter der Regie der sog. Treuhandgesellschaft gefleddert.

Der zweite Anschlag gegen das Wiedererstarken Deutschlands war dann der Euro, dessen ökonomische Folgen in dieser Abhandlung aufgezeigt wurden. Er brachte zwar zunächst den von den Initiatoren erwarteten Erfolg, nämlich die Schwächung der deutschen Wirtschaft, aber das zweite mit ihm verbundene Ziel verfehlte er: Seine für die notorischen Schwachwährungsländer ungewohnte Stärke – dank der wiedererstarkten deutschen Wirtschaft – wurde von den Euro-Partnerländern zur Steigerung des Konsums und nicht zur Steigerung der eigenen Produktivität und Wettbewerbsfähigkeit genutzt, wie wir am Beispiel Griechenlands veranschaulicht haben. Das Ergebnis ist niederschmetternd:

Der Euro hat die deutsche Wirtschaft geschwächt und zum Beutobjekt der internationalen Kapitalhaie gemacht. Obgleich sie sich von dem ersten Einbruch infolge des Euro wieder einigermaßen erholt hat, hat sie nie die Stärke erreichen können, zu der sie sich ohne den Euro entwickelt hätte. Insofern haben die klammheimlichen Neider des deutschen Erfolges ihr Ziel erreichen können. Doch ihr zweites Ziel haben sie verfehlt. Es ist ihnen nicht gelungen, den für ihre Verhältnisse starken Euro in eine Stärkung der eigenen Wirtschaft umzumünzen. Nun sind sie so weit wie vor der Einführung des Euro.

Sie machen den relativ starken Euro und die wiedererstarkte deutsche Wirtschaft dafür verantwortlich und drängen die EZB, dafür zu sorgen, daß der

Euro noch weiter abwertet, was seitdem ja auch geschieht. Im Ergebnis hat der Euro alle europäischen Volkswirtschaften, die sich der Währungsunion angeschlossen haben, nachhaltig geschädigt. Das belegen die Fakten, die wir aufgezeigt haben. Wer immer behauptet: „scheitert der Euro, dann scheitert Europa", leugnet diese Fakten.

Die Geschichte wird diese Lügner früher oder später zur Rechenschaft ziehen.

Namens- und Stichwortverzeichnis

Abbildungsverzeichnis

Tabellenverzeichnis